新概念德语

NEUES KONZEPT FÜR DEUTSCH

徐筱春　鲍士月　汤长兴　编著
汤长兴　主审

第二册

安徽科学技术出版社

图书在版编目(CIP)数据

新概念德语.第2册/徐筱春,鲍士月,汤长兴编著.
—合肥:安徽科学技术出版社,2000.8
ISBN 7-5337-2026-1

Ⅰ.新… Ⅱ.①徐… ②鲍… ③汤… Ⅲ.德语-高等学校-教材 Ⅳ.H33

中国版本图书馆CIP数据核字(2000)第42219号

*

安徽科学技术出版社出版
(合肥市跃进路1号新闻出版大厦)
邮政编码:230063
电话号码:(0551)2825419
新华书店经销 合肥晓星印刷厂印刷

*

开本:787×1092 1/16 印张:14.25 字数:348千
2001年10月第3次印刷
印数:5 000
ISBN 7-5337-2026-1/H·306 定价:19.50元

编者名单

中方参编人员

编著:徐筱春　鲍士月　汤长兴

主审:汤长兴

德方参编人员

审订单位:柏林理工大学专业教学法研究所(INSTITUT FÜR FACHDIDAKTIKEN DER TU-BERLIN)

柏林理工大学现代语言中心(ZENTRALEINRICHTUNG MODERNER SPRACHEN DER TU-BERLIN)

审订人员:斯太茵米勒教授(Herr Prof. Dr. Ulrich Steinmüller)

荷施博士(Frau Dr. Heidi Rösch)

爱米希博士(Herr Dr. Alexander Imig)

米勒先生(Herr Patride Müller)

录音:尤根·洛兹先生(Herr Jürgen Lorenz)

埃文·舒尔茨女士(Frau Evelyn Schulze)

缩 略 语

N.	Nominativ	第一格
G.	Genitiv	第二格
D.	Dativ	第三格
A.	Akkusativ	第四格
adj.	Adjektiv	形容词
adv.	Adverb	副词
präp.	Präposition	介词
pron.	Pronomen	代词
v.	Verb	动词
etw.	etwas	某事,某物
jd.	jemand	某人(第一格)
jm.	jemandem	某人(第三格)
jn.	jemanden	某人(第四格)
Si.	Singular	单数
Pl.	Plural	复数
m.	Maskulinum	阳性名词
n.	Neutrum	中性名词
f.	Femininum	阴性名词
PI	Partizip I	第一分词
PII	Partizip II	第二分词
Ü	Übung	练习,如Ü6. 表示习题6
T	Test	测试,如T2. 表示测试题2
G	Grammatik	语法,如G1. 表示语法1
(s)	sein	表示该动词构成完成时时用sein作助动词
(s/h)	sein/haben	表示该动词构成完成时时用sein或haben作助动词
*		表示该动词属于不规则变化动词

前　言

《新概念德语》是根据《大学德语教学大纲》的教学要求编写的。本教材可供高等院校本科生、研究生选修第二外语德语使用,亦可作为出国培训和自学德语的课本使用。

《新概念德语》共分两册,主要教授德语基础知识,兼顾训练各种语言技能,旨在打好语言基础,掌握听、说、读、写的基本技能。

《新概念德语》第二册共有14课,其中包括基础教程13课,复习课1课以及附录部分。本书另配录音磁带三盒。

本书版面设计新颖,图文并茂,取材时新,率先采用"新正字法",编录了德语语言国家最新事件和重要题材的内容。其中除课文、语法和练习等教学主干外,还配有大量选自原文的听说和阅读材料,而且这两部分都配有参考译文,亦可供学生自学。

通过对本书的学习,旨在培养学生具有一定的读、听、说、写能力,较好地掌握德语语法。为达到这一目的,我们科学地设计了听说技能的训练;系统地编配了大量的课后练习;有针对性地对书中的难点和重点作了详细注解。在编写过程中,承蒙德国柏林理工大学"专业教学法研究所"("Institut für Fachdidaktiken")和"现代语言中心"("Zentraleinrichtung moderner Sprachen")的合作与大力支持,其中博导斯太茵米勒教授(Herr Prof. Dr. Ulrich Steinmüller)、荷施准教授(Frau Dr. Heidi Rösch)、爱米希博士(Dr. Alexander Imig)以及米勒先生(Herr Patride Müller)详细地审阅了本教材,提出了许多宝贵的修改建议,使本书在语言的准确性与实用性方面有了质的飞跃。同时,我们还非常高兴地邀请到柏林理工大学"现代语言中心"主任尤根·洛兹先生(Jürgen Lorenz)和柏林语言教学专家埃文·舒尔茨女士(Evelyn Schulze)为本套教材配制了录音。在此深表谢意!

编　者

目　录

第一课 LEKTION 1

Hören：Schönes Deutschland 美丽的德国
Deutschlandaufenthalt 在德国居留
Text：Deutschland
Grammatik：1.形容词和副词的比较等级
2.名词化形容词
3.不定代词 man
4.疑问副词 warum，wieviel，wie 等
Lesetext：Die Bundesländer 联邦州

Hören

Schönes Deutschland 美丽的德国

Das Ruhrgebiet ist ein Industriezentrum. Dort leben und arbeiten 8,5 Millionen Menschen.

Das ist das Schloss Neuschwanstein. Es ist eine Attraktion für Touristen aus aller Welt.

鲁尔区是一个工业中心，有 850 万人在那儿居住和工作。

这是新天鹅堡,它吸引着来自全世界的游客。

Frühling, Sommer, Herbst und Winter: Der Schwarzwald ist immer schön. Im Winter ist es dort besonders romantisch.

春、夏、秋、冬,黑森林永远是那么美丽。这儿的冬季尤其浪漫。

Ein deutsches Märchen heiβt "Die Bremer Stadtmusikanten": Vier Tiere wandern nach Bremen. Darum sind sie jetzt das Symbol der Stadt Bremen.

有一个德国童话名叫"不莱梅的音乐家",讲述了四只动物漫游到不莱梅。因此它也成了不莱梅市的象征。

Das ist der Kölner Dom, eine typisch gotische Kirche. Sie ist die gröβte in Deutschland.

这是科隆大教堂,一个典型的哥特式教堂。它是德国最大的教堂。

Der Rhein ist eine internationale Wasserstraβe. Er flieβt durch die Schweiz, Deutschland und Holland.

今日的莱茵河是一条国际航道,它流经瑞士、德国和荷兰。

Deutschlandaufenthalt 在德国居留

Herr Liu unterhält sich an der Nanjing-Universität mit einer deutschen Studentin.

□ Stefanie, sieh mal! Ich bekomme das Stipendium. Hier ist die Zusage aus Deutschland.

■ Das ist ja prima! Herzlichen Glückwunsch! Und wann fliegst du?

□ Am 13. Juli.

■ Das ist ja schon bald. Hast du denn schon alle Papiere zusammen: Flugticket, Reisepass, Impfpass, Zeugnisse?

□ Na klar! Ach, ich bin schon ganz aufgeregt.

■ Aber warum denn? Jetzt kann doch nichts mehr passieren!

□ Wer weiβ, ob alles klappt. Bis Frankfurt fliege ich direkt. Aber dann … Ach ja, ich möchte wissen, ob ich von Frankfurt nach Göttingen einfach ein Taxi nehmen kann.

■ 200 Kilometer mit dem Taxi? Bloβ nicht! Das kostet ja ein Vermögen!

□ Aber 200 Kilometer sind doch keine groβe Entfernung!

■ Das gilt vielleicht für China, aber nicht für Deutschland. Nein, du fährst am besten mit dem Zug.

□ Gut. Ich weiβ nicht, was für Kleidung ich mitnehmen soll. Ob ich ein Smoking brauche?

■ Nein, auf keinen Fall. Das kannst du viel zu selten anziehen. Aber denk an warme Sachen! Die Sommer in Deutschland sind manchmal ziemlich kühl.

□ Danke für den Tip!

刘先生和南京大学的一位德国留学生谈话。

□ 斯蒂芬尼，快看！我拿到奖学金了。这是德国寄来的证明。

■ 太好了！祝贺你！你什么时候起程？

□ 7月13号。

■ 很快就要到了。你已经准备好所有的证件了吗？
机票、护照、免疫证、证书等等？

□ 当然啦！呵，我已经激动得不知所措了。

■ 为什么？现在再也不会有什么事了。

□ 天知道是否万事大吉了。我直飞到法兰克福，但这以后……

对了,顺便问一下,我是否可以乘出租车从法兰克福到哥廷根。

■ 200 千米乘出租车? 当然不要! 那可要花一大笔钱!

□ 但是 200 千米并不算多远!

■ 也许在中国不算远,但在德国情况却不同。你最好坐火车去。

□ 好吧,我不知道该带些什么衣服,我要带晚礼服吗?

■ 绝对不要,你很少有机会穿的。但可以带些保暖的衣服,德国的夏季有时会很凉的。

□ 谢谢你的建议!

Text

Deutschland

Die Bundesrepublik Deutschland liegt im Herzen Europas. Hier leben die Deutschen. Sie sprechen Deutsch. Deutschland ist umgeben von neun Nachbarstaaten. In Österreich und in der Schweiz sprechen die Leute auch Deutsch.

Die Bundesrepublik Deutschland ist eine Föderation, d. h. ein Bund von Ländern. Die 16 Bundesländer haben eigene Regierungen. Der deutsche Nationalfeiertag ist der 3. Oktober. Die Nationalflagge ist schwarz – rot – gold. Staatsoberhaupt ist der Bundespräsident.

Deutschland hat 81 Millionen Einwohner, und hat eine Fläche von 357 000km^2. Das Klima ist gemäßigt, im Sommer ist es nicht sehr heiß und im Winter nicht sehr kalt. Aber es ist sehr wechselhaft. Es kann zu allen Jahreszeiten regnen, und es scheint auch die Sonne.

Die Hauptstadt Deutschlands ist Berlin, mit rund 3,4 Millionen auch die größte deutsche Stadt. Hamburg ist die größte Hafenstadt. Man nennt sie "Deutschlands Tor zur Welt". Frankfurt am Main ist der Banken – und Messeplatz Deutschlands, und der Frankfurter Flughafen ist der wichtigste Flughafen Europas. München ist eine schöne Stadt, aber sie ist kleiner als Berlin und Hamburg.

Die größten Flüsse Deutschlands sind der Rhein, die Weser, die Elbe, die Oder und die Donau. Die bayerischen Alpen sind das höchste Gebirge in Deutschland. Die deutschen Landschaften sind vielfältig und reizvoll.

Vokabeln

die Bundesrepublik –en	联邦共和国
liegen* *vi*.	平躺,位于
das Herz –en	心,心脏,中心
Europa	欧洲
der Deutsche(按 adj 变化)	德国人
umgeben* *vt*.	围绕
der Nachbarstaat –en	邻国
Österreich	奥地利
die Schweiz	瑞士
die Föderation –en	联盟,同盟
der Bund ¨e	联合,同盟
das Bundesland ¨er	(联邦国家的)州
eigen	自己的,特有的
die Regierung –en	政府,内阁
der Nationalfeiertag –e	国庆节
die Nationalflagge –n	国旗
gold	金色的
das Staatsoberhaupt ¨er	国家元首
der Bundespräsident –en	联邦总统
die Million –en	百万
der Einwohner –	居民
die Fläche –n	面积
der Kilometer –(km)	公里,千米
das Klima	气候
gemäβigt	温和的
heiβ	炎热的
wechselhaft	易变的,多变的
die Jahreszeit –en	季节,季
scheinen* *vi*.	照耀,看来,似乎
die Hauptstadt ¨e	首都,省会
rund	圆的,大约
die Hafenstadt ¨e	港口城市
nennen* *vt*.	称呼
das Tor –e	大门
die Welt –en	世界
die Bank –en	银行
die Messe –n	博览会
der Flughafen ¨	飞机场
klein	小的
der Fluβ ¨e	河流,江
bayerisch	巴伐利亚州的
die Alpen (Pl.)	阿尔卑斯山
hoch	高的,高级的
das Gebirge	山脉
die Landschaft –en	风景,景色
vielfältig	多种多样的
reizvoll	有吸引力的

Texterläuterungen

1. Die Bundesrepublik Deutschland ist eine Föderation, d.h. ein Bund von Ländern.　德国是一个联邦,即是州的联合。
2. Die 16 Bundesländer haben eigene Regierungen.　16个联邦州有各自的政府组织。
3. Aber es ist sehr wechselhaft. Es kann zu allen Jahreszeiten regnen, und es scheint auch die Sonne.　但是气候多变,一年四季既有降雨又有阳光。
4. … mit rund 3, 4 Millionen auch die gröβte deutsche Stadt.　(柏林)有340万人口,也是德国

最大的城市。

5. Frankfurt am Main ist der Banken- und Messeplatz Deutschlands. 美因河畔的法兰克福是银行与博览会集居地。

6. Die größten Flüsse Deutschlands sind der Rhein, die Weser, die Elbe, die Oder und die Donau. 德国的重要河流有莱茵河、威悉河、易北河、奥得河和多瑙河。

7. Die bayerischen Alpen sind das höchste Gebirge in Deutschland. 位于巴伐利亚的阿尔卑斯山是德国最高的山。

8. Die deutschen Landschaften sind auch vielfältig und reizvoll. 德国的景色多么迷人。

Wörter und Wendungen

1. *liegen* **躺,平放,位于**

例:Peter liegt auf dem Rasen und liest. 彼特躺在草坪上看书。

Die Zeitung liegt auf dem Tisch. 报纸放在桌上。

Deutschland liegt in Mitteleuropa. 德国位于中欧。

Köln liegt am Rhein. 科隆位于莱茵河畔。

Er liegt schon seit drei Wochen im Krankenhaus. 他已经住院三个星期了。

2. *umgeben* **围绕,包围**

例:Eine hohe Hecke umgibt den Garten. 一道高高的树篱围着花园。

Die Stadt ist auf drei Seiten von Wasser umgeben. 这座城市三面临水。

Der Kranke ist von seinen Freunden umgeben. 病人周围全是他的朋友。

Deutschland ist umgeben von neun Nachbarstaaten. 德国有九个邻国。

3. *Österreich* **奥地利**

例:Österreich liegt in Mitteleuropa. Es hat eine Fläche von 83,800km^2 und ist umgeben von 7 Nachbarstaaten. Österreich hat ungefähr 7,6 Millionen Einwohner. Sie sprechen auch Deutsch. Die Hauptstadt von Österreich ist Wien. Die Währung Österreichs heißt Schilling. 奥地利地处中欧,面积约 83 800 平方千米,有七个邻国,人口约 760 万,母语是德语,首都是维也纳。奥地利货币叫先令。

4. *die Schweiz* **瑞士**

例:Die Schweiz liegt in Westeuropa und ist umgeben von 5 Nachbarstaaten. Sie hat eine Fläche von 41 000km^2. Bern ist die Hauptstadt von der Schweiz. Sie hat 6,62 Millionen Einwohner und 65% davon sprechen Deutsch, 18% davon sprechen Französisch, 10% davon sprechen Italienisch. Die Währung der Schweiz heißt Franken. 瑞士地处欧洲中西部,有

5个领国，面积约41 000平方千米，首都是伯尔尼。人口约662万，其中65%说德语，18%说法语，10% 说意大利语(此三种语言为官方语言) 。瑞士的货币叫做法郎。

5. *nennen*　给……取名，列举，称呼

例：Was wollt ihr das Kind nennen?　你们想给这个孩子取什么名字？

Sie heiβt Charlotte, aber man nennt sie Lotte.　她的名字叫夏洛特，但大家都叫她洛特。

Nennen Sie bitte Namen, Geburtstag, Adresse!　请您讲出姓名、生日、地址！

Können Sie einige Beispiele nennen?　您能举几个例子吗？

Er nennt sich Dichter.　他自称诗人。

Grammatik

G1. 形容词和副词的比较等级

形容词在表述人或事物的性质、情况时，为了表示程度上的差异，就有了级的差异。形容词有三个级：原级、比较级和最高级。大部分形容词可作为副词用。

1) 形容词比较等级的构成和用法。

(1)构成。

说　明	原　级	比较级	最高级
比较级＝原级＋er 最高级＝原级＋st	fleiβig klein schön wichtig	fleiβiger kleiner schöner wichtiger	fleiβigst kleinst schönst wichtigst
若形容词以－t，－s，－β，－sch，－x，－z 结尾，则最高级加－est	heiβ leicht rasch süβ	heiβer leichter rascher süβer	heiβest leichtest raschest süβest
某些以－er，－el，－en 结尾的形容词在比较级中省去－e	dunkel teuer trocken	dunkler teurer trockner	dunkelst teuerst trockenst

续表

说　明	原　级	比较级	最高级
大多数单音节形容词在升级时 a，o，u 要变音	alt dumm jung kalt klug kurz lang stark warm	älter dümmer jünger kälter klüger kürzer länger stärker wärmer	ältest dümmst jüngst kältest klügst kürzest längst stärkst wärmst
有些形容词的升级不规则	groβ gut hoch nah viel	gröβer besser höher näher mehr	gröβt best höchst nächst meist

(2) 用法。

形容词可作定语、表语、补足语等。作定语时，形容词比较等级的词尾与原级一样变化。

等级	说　明	例　句
原级	相同程度比较时用 so … wie，ebenso … wie，或 genauso … wie	Er ist so jung wie ich. 他和我一样年轻。 Mein Zimmer ist ebenso groβ wie dein Zimmer. 我的房间和你的一样大。 Sie ist genauso alt wie er. 她与他同岁。
	不同程度比较时用 nicht so…wie	Heute ist es nicht so heiβ wie gestern. 今天没有昨天热。

续表

等级	说　明	例　句
比较级	不同程度的比较用 als，比较级前加 noch，viel，weit 等可加强语气	Er ist zwei Jahre älter als ich. 他比我大两岁。 Sein Haus ist noch schöner als meines. 他家比我家还漂亮。 Heute ist es viel kälter als gestern. 今天比昨天冷多了。 Ich brauche ein größeres Zimmer. 我需要一个较大的房间。
	形容词比较级 mehr 和 weniger 作定语时无词尾变化	Hans hat mehr Bücher als Peter. 汉斯的书比彼特多。 Peter hat weniger Geld als Hans. 彼特的钱比汉斯少。
最高级	作补足语时须加 am … sten 作定语时一般与定冠词或物主代词连用	Sie ist am besten in der Klasse. 她是班上最优秀的。 Er ist am fleißigsten unter uns. 他是我们中间最用功的。 Eva ist meine beste Freundin. 艾娃是我最要好的朋友。 Berlin ist die größte Stadt Deutschlands. 柏林是德国最大的城市。

2) 副词比较等级的构成和用法。

(1) 构成。

大多数形容词可作副词用，有些副词比较等级的构成不规则。

原　级	比较级	最高级
bald	eher	am ehesten
gern	lieber	am liebsten
oft(häufig)	öfter(häufiger)	am häufigsten

(2) 用法。

副词在句中可用作补足语、说明语等。

等　级	说　　明	例　　句
原　级	相同程度比较时用 so … wie, ebenso … wie 或 genauso … wie,不同程度比较时用 nicht so…wie	Peter lernt so gut wie Karin. 彼特和卡琳学得一样好。 Du läufst genauso schnell wie er. 你跑得和他一样快。 Sie studiert nicht so fleißig wie er. 她学习没有他用功。
比较级	不同程度比较时用 als,比较级加 noch, viel 等可加强语气	Er trinkt lieber Kaffee als Tee. 与喝茶比较,他更喜欢喝咖啡。 Hans läuft viel schneller als Ute. 汉斯跑得比乌特快多了。
最高级	作补足语时需用 am … sten 或 aufs … ste	Fritz läuft am schnellsten unter uns. 弗里茨是我们中跑得最快的。 Er fährt am liebsten an die See. 他最喜欢去海边。 Ich grüße dich aufs herzlichste. 我最衷心地问候你。

G2. 名词化形容词

1) 名词化形容词指的是许多形容词或分词可作名词用，但词尾要按形容词变化。名词化了的形容词一般带有冠词,有阳、中、阴三性和复数。阳性和阴性一般指人,中性指事物或表示抽象概念。

der Alte ——ein Alter　老头

die Alte ——eine Alte　老太太

das Alte ——Altes　陈旧的东西

常见的名词化形容词有:

der (die) Angestellte　职员

der (die) Bekannte　熟人

der (die) Gelehrte　学者

der (die) Erwachsene　成年人

der (die) Kranke　病人

der (die) Beamte　官员,公务员

der (die) Gefangene　囚徒

der (die) Verwandte　亲戚

der (die) Reisende　旅客

der (die) Fremde　外地人,陌生人

2) 名词化形容词与形容词作定语时的词尾变化相同。以“deutsch”为例:

格	单　数 Si.		复　数 Pl.
	德国男人	德国女人	德国人
N.	der Deutsche	die Deutsche	die Deutschen
G.	des Deutschen	der Deutschen	der Deutschen
D.	dem Deutschen	der Deutschen	den Deutschen
A.	den Deutschen	die Deutsche	die Deutschen

如果此类名词前有形容词，则词尾作同样变化。

格	单　数 Si.		复　数 Pl.
	德国男人	德国女人	德国人
N.	ein junger Deutscher	eine junge Deutsche	junge Deutsche
G.	eines jungen Deutschen	einer jungen Deutschen	junger Deutscher
D.	einem jungen Deutschen	einer jungen Deutschen	jungen Deutschen
A.	einen jungen Deutschen	eine junge Deutsche	junge Deutsche

例：Das ist eine junge Deutsche.　这是一位年轻的德国女士。

Das Haus der jungen Deutschen ist schön.　这位年轻德国女士的家很漂亮。

Ich danke der jungen Deutschen.　我感谢这位年轻的德国女士。

Ich besuche heute die junge Deutsche.　我今天拜访这位年轻的德国女士。

3）由地名、国名加后缀 er 派生的形容词大写，无格的变化。

例：die Leipziger Messe　莱比锡博览会

die Schweizer Uhr　瑞士手表

der Frankfurter Flughafen　法兰克福机场

G3．不定代词 man

不定代词 man 泛指一个人或一群人，在句中作主语，动词用第三人称单数形式。它可根据上下文译作“人们”、“大家”、“有人”、“我”等，或根本不译。

例：Man isst in Deutschland gern Kartoffeln.　在德国，人们爱吃马铃薯。

Man trinkt in Deutschland gern Kaffee.　在德国，人们爱喝咖啡。

Was macht man in der Freizeit?　人们在业余时间做什么？

Darf man hief rauchen?　这儿可以抽烟吗？

Mittags isst man warm.　在中午人们吃热的东西。

Man ruft mich oft an.　经常有人给我打电话。

In allen Ländern feiert man den ersten Mai.　所有国家都庆祝五·一节。

G4. 疑问副词 warum，wieviel，wie alt，wie lange，wie oft，wie groβ

1）warum （为什么）

例：Warum kommst du nicht zum Unterricht? 你为什么不上课？

Warum gehst du nicht nach Hause? 你为什么不回家？

2）wieviel （多少）

wieviel 用以提问数量或程度。

例：Wieviel Studenten lernen Deutsch? 有多少大学生在学德语？

Wieviel Bücher hast du? 你有多少本书？

Wieviel kostet das? 这要多少钱？

3）wie alt （多大），wie lange （多长），wie oft （多少次，频率），wie groβ（多大，多高）

例：Wie alt bist du? 你有多大年纪？

Wie lange willst du hier bleiben? 你打算在这儿呆多久？

Wie oft kommt der Bus? 这路公共汽车多长时间一班？

Wie groβ ist die Schweiz? 瑞士有多大(面积)？

Wie groβ ist Hans? 汉斯多高？

Übungen

Ü1. 用形容词的适当等级填空

(1) Ich bin ein ________ Läufer(跑步运动员), Peter ist ein ________ Läufer als ich, Hans ist der ________ Läufer von uns allen .(schnell)

(2) München ist eine ________ Stadt, Hamburg ist eine ________ Stadt als München, Berlin ist die ________ Stadt in Deutschland.(groβ)

(3) Die Alpen sind ein ________ Gebirge（山脉）, das Pamir Gebirge ist ein ________ Gebirge als die Alpen, das Himalaya ist das ________ Gebirge in der Welt（世界）.(hoch)

(4) Karl ist ein ________ Schüler（学生）, Fritz ist ein ________ Schüler als Karl, Max ist der ________ Schüler in der Klasse（班级）.(gut)

(5) Frau Müller hat einen ________ Hut, ihre Schwester hat einen ________ Hut als sie, aber ihre Mutter hat den ________ Hut von allen.(teuer 昂贵的)

(6) Er hat ________ Geld, sein Bruder hat ________ Geld, sein Vater hat das ________

Geld.（viel）

(7) Ist es der Weg zum Bahnhof? Oder können Sie mir einen ________ Weg sagen? Ich suche den ________ Weg.（kurz 短的）

(8) Ich wohne in einer ________ Wohnung，du wohnst in einer ________ Wohnung，aber er wohnt in der ________ Wohnung von uns.（klein）

(9) Das Fahrrad fährt ________，das Auto fährt ________，der ICE fährt am ________.（schnell）

(10) Ich trinke ________ Milch，du trinkst ________ Bier，Er trinkt Kaffee am ________.（gern）

Ü2. 造句

alt — sein — ich，du，er Ich bin alt，du bist älter，er ist am ältesten.

(1) jung—sein—mein Sohn，dein Sohn，sein Sohn

(2) groβ—sein—mein Haus，dein Haus，sein Haus

(3) viel—kosten—der Hut，die Jacke，der Mantel

(4) warm—sein—das Wetter in Beijing，in Nanjing，in Guangzhou

(5) gut—arbeiten—Herr Müller，Frau Bach，Herr Schmidt

(6) gern—essen—er—Fleisch，Fisch，Gemüse

(7) oft—kommen—zu mir—Hans，Fritz，Max

(8) schön—Zimmer—haben—ich，du，er

(9) wenig—Zeit—haben—Eva，Lisa，Maria

(10) dunkel—es—sein—um 20 Uhr，um 22 Uhr，um 24 Uhr

Ü3. 连接句子

Paul schreibt schön. Anna schreibt auch schön. →Anna schreibt so schön wie Paul.

(1) Die Suppe schmeckt mir gut. Der Fisch schmeckt mir auch gut.

(2) Peter spricht gut Deutsch. Herr Li spricht auch gut Deutsch.

(3) In Nanjing ist es im Sommer sehr heiβ.
In Shanghai ist es nicht so heiβ.

(4) Ich gehe oft am Morgen in den Park(公园).
Sie geht nicht oft in den Park.

(5) Das Mädchen(女孩) liest sehr gern Romane.
Der Junge (男孩) liest nicht so gern Romane.

Ü4. 回答问题

> Wie soll es sein，groβ?
> →Ja，gröβer，aber nicht zu groβ.
> →Nein，nicht so groβ，lieber etwas（少许）kleiner.

（1）Wie soll es sein，kurz?
（2）Wie soll es sein，alt?
（3）Wie soll es sein，teuer?
（4）Wie soll es sein，schwer?
（5）Wie soll es sein，schnell?
（6）Wie soll es sein，warm?
【注】kurz—lang　　schwer—leicht
alt—jung　　schnell—langsam
teuer—billig　　warm—kalt

Ü5. 填入适当的比较词

（1）Er läuft ebenso schnell ________ du.
（2）Diese Straβe ist länger ________ jene.
（3）Heute ist es wärmer ________ gestern.
（4）Er lernt jetzt genauso fleiβig ________ sie.
（5）Ich lese mehr ________ du.
（6）Er spricht Deutsch besser ________ ich.

Ü6. 填入形容词原级、比较级或最高级

（1）Sie lernt jetzt ________ als vor vier Wochen.（gut）
（2）Robert schreibt eine ebenso ________ Arbeit wie Karl.（schlecht）
（3）Ich bin ein ________ Student als du.（fleiβig）
（4）Mein Vater trinkt Tee ________ als Kaffee.（gern）
（5）Ist das der ________ Weg zur Universität?（nah）
（6）Ich esse Kartoffeln so ________ wie Brot，Fleisch ist mir aber viel ________ als Kartoffeln oder Brot. Fisch esse ich nicht so ________ wie Fleisch. Gemüse esse ich am ________.（gern）

Ü7. 根据课文回答问题

（1）Wo liegt Deutschland?
（2）Wo leben die Deutschen?
（3）Sprechen die Deutschen alle Deutsch?
（4）Sprechen die Leute in Österreich und in der Schweiz auch Deutsch?
（5）Wo befindet sich die Hauptstadt Deutschlands?

(6) Wieviel Einwohner hat Deutschland?
(7) Wie groβ ist Deutschland?
(8) Wie ist das Wetter in Deutschland?
(9) Was für eine Stadt ist Hamburg/Frankfurt am Main/München/Berlin?
(10) Welche Flüsse sind am gröβten in Deutschland?

Ü8. 用 deutsch, Deutsch, Deutschland 或相应的名词化形容词填空

(1) ________ liegt in Mitteleuropa.
(2) In Mitteleuropa leben ________.
(3) In Österreich sprechen die Leute ________.
(4) Die ________ Sprache ist nicht so leicht.

Ü9. 用所给的词填空

(1) Der ________ Sportplatz ist sehr groβ. (Leipzig)
(2) Kaufen Sie diese ________ Zeitung? (Shanghai)
(3) Der ________ Flughafen ist der wichtigste Flughafen ________. (Frankfurt, Europa)
(4) Die ________ Uhr ist weltbekannt (闻名于世). (Schweiz)
(5) Ich fahre zum ________ Bahnhof. (München)
(6) Wie gefällt dir der ________ Hafen? (Hamburg)

Ü10. 填入名词化形容词的词尾

(1) Der Arzt hilft den Krank __.
(2) Dieser Herr ist ein alter Bekannt __ von mir.
(3) Bei dem Verkehrsunfall(交通事故) gibt es viele Verletzt __.
(4) Man kennt (知道) nur den Namen eines Verletzt __ noch nicht.
(5) Die Reich ___ müssen immer den Arm __ helfen.
(6) Ich danke dem Alt __ für seine Hilfe.
(7) Der Beamt __ heiβt Peter Schmidt.
(8) Ein Fremd __ steht auf der Straβe.
(9) Er ist ein Verwandt __ von mir.
(10) Die Wohnung gefällt der jungen Angestellt __ sehr.

Ü11. 用 warum, wieviel, wie alt/groβ/oft /lange 填空

(1) ________ kommt Hans zu spät in die Schule?
(2) ________ ist Österreich?
(3) ________ Leute sprechen Deutsch?
(4) ________ dauert der Unterricht?
(5) ________ besuchst du deine Eltern (父母) ?
(6) ________ ist Herr Müller?

Ü12. 回答问题

> Was macht man im Unterricht? (Grammatik lernen)
> →Man lernt Grammatik.

(1) Was macht man nach dem Unterricht. (den Text lesen)

(2) Was isst man gern in Deutschland? (Kartoffeln)

(3) Was trinkt man gern in Deutschland? (Bier 啤酒)

(4) Was macht man gern am Abend? (spazieren/gehen 散步)

(5) Was liest man gern im Zug? (Zeitungen)

(6) Was schenkt man oft einer Frau? (Blumen)

Ü13. 国名—国人—母语

Land	Mann	Frau	Sprache
Deutschland	Deutscher	Deutsche	Deutsch
China	Chinese	Chinesin	Chinesisch
Finnland	Finne	Finnin	Finnisch
Frankreich	Franzose	Französin	Französisch
England	Engländer	Engländerin	Englisch
Türkei(e)	Türke	Türkin	Türkisch
Japan	Japaner	Japanerin	Japanisch
USA(Pl.)	Amerikaner	Amerikanerin	Englisch
Italien	Italiener	Italienerin	Italienisch

Ü14. 将下列汉语译成德语

(1) 德国是由16个州组成的联邦制国家。

(2) 10月1日是中国的国庆节。

(3) 德国气候温和,但天气变化多端。

(4) 拥有近340万人口的首都柏林是德国最大的城市。

(5) 位于巴伐利亚的阿尔卑斯山是德国最高的山,但它没有帕米尔山高。

(6) 德国的国旗颜色为黑、红、金黄。

(7) 港口城市汉堡比柏林人口少,但比慕尼黑人口多。

(8) 德国最大的河流是莱茵河。

(9) 这位年青漂亮的德国女士是我的好朋友。

Lesetext

Die Bundesländer

Die Bundesrepublik Deutschland ist in 16 Länder gegliedert, die eigenständige Staaten sind. Die Befugnisse der Länder berühren das tägliche Leben der Bürger unmittelbar. Die Länder haben eigene Verfassungen; sie üben vor allem die "Kulturhoheit" aus, d. h. sie geben sich ihre eigenen Gesetze im Bereich des Schul – und Hochschulwesens. Außerdem sind sie vor allem für das Kommunalrecht und das Recht der Ordnungsbehörden zuständig.

Die Länder haben auch im Bereich der Verwaltung umfassende Kompetenzen. Neben den eigenen Landesgesetzen führen die Landesbehörden grundsätzlich auch die Bundesgesetze als eigene Angelegenheiten aus. Bei der "Auftragsverwaltung" nach Artikel 85 des Grundgesetzes, beispielsweise beim Bau von Bundesautobahnen und Bundesfernstraßen, handeln die Länder im Auftrag und auf Rechnung des Bundes.

(参考译文)

联 邦 州

德意志联邦共和国分为16个州，它们是独立的邦国。各州的权限直接涉及公民的日常生活。各州有自己的宪法。它们主要是行使“文化主权”,这就是说,它们在教育及高等教育事业领域颁布自己的各种法律。此外它们主要负责地方法规及警察事务法规。

各州在行政管理方面也具有广泛的权限。除了执行自己的法律之外,各州当局也把执行联邦的法律作为自己的事务。根据基本法第85条执行“委托管理”,例如建造联邦高速公路和联邦公路干线时,各州根据联邦的委托行事并由联邦支付费用。

Schleswig – Holstein

Hauptstadt: Kiel

Fläche: 15 731km²

Einwohner: 2,6Millionen

石勒苏益格—荷尔斯泰因

州府：基尔

面积：15 731 平方千米

人口：260 万

Bremen

Hauptstadt: Bremen

Fläche: 404km²

Einwohner: 0,68Millionen

不来梅

州府：不来梅

面积：404 平方千米

人口：68 万

Niedersachsen
Hauptstadt: Hannover
Fläche: 47 351km^2
Einwohner: 7,4Millionen
下萨克森
州府：汉诺威
面积：47 351 平方千米
人口：740 万

Nordrhein – Westfalen
Hauptstadt: Düsseldorf
Fläche: 34 070km^2
Einwohner: 17,3Millionen
北莱茵—威斯特法伦
州府：杜塞尔多夫
面积：34 070 平方千米
人口：1730 万

Hessen
Hauptstadt: Wiesbaden
Fläche: 21 114km^2
Einwohner: 5,8Millionen
黑森
州府：威斯巴登
面积：21 114 平方千米
人口：580 万

Rheinland – Pfalz
Hauptstadt: Mainz
Fläche: 19 849km^2
Einwohner: 3,8Millionen
莱茵兰—法尔茨
州府：美因茨
面积：19 849 平方千米
人口：380 万

Saarland
Hauptstadt: Saarbrücken
Fläche: 2 570km^2
Einwohner: 1,1Millionen
萨尔
州府：萨尔布吕肯
面积：2 570 平方千米
人口：110 万

Baden – Württemberg
Hauptstadt: Stuttgart
Fläche: 35 751km^2
Einwohner: 9,8Millionen
巴登—符腾堡
州府：斯图加特
面积：35 751 平方千米
人口：980 万

Mecklenburg – Vorpommern
Hauptstadt: Schwerin
Fläche: 23 559km^2
Einwohner: 1,9Millionen
梅克伦堡—福尔波莫尔恩
州府：什未林
面积：23 559 平方千米
人口：190 万

Hamburg
Hauptstadt: Hamburg
Fläche: 755km^2
Einwohner: 1,7Millionen
汉堡
州府：汉堡
面积：755 平方千米
人口：170 万

Brandenburg
Hauptstadt: Potsdam
Fläche: 29 056km^2
Einwohner: 2,6Millionen
勃兰登堡
州府：波茨坦
面积：29 056 平方千米
人口：260 万

Berlin
Hauptstadt: Berlin
Fläche: 889km^2
Einwohner: 3,4Millionen
柏林
州府：柏林
面积：889 平方千米
人口：340 万

Sachsen – Anhalt
Hauptstadt: Magdeburg
Fläche: 20 607km^2
Einwohner: 3,4Millionen
萨克森—安哈尔特
州府：马格德堡
面积：20 607 平方千米
人口：340 万

Sachsen
Hauptstadt: Dresden
Fläche: 18 341km^2
Einwohner: 4,8Millionen
萨克森
州府：德累斯顿
面积：18 341 平方千米
人口：480 万

Thüringen
Hauptstadt: Erfurt
Fläche: 16 251km^2
Einwohner: 2,6Millionen
图林根
州府：埃尔富特
面积：16 251 平方千米
人口：260 万

Bayern
Hauptstadt: München
Fläche: 70 554km^2
Einwohner: 11,4Millionen
巴伐利亚
州府：慕尼黑
面积：70 554 平方千米
人口：1 140 万

LEKTION 2 第二课

Hören : Bauten in Deutschland 德国建筑

Wohnungen 住房

Text : Zimmersuche

Grammatik : 1. 命令式

2. 几种常见的数词——

分数词、倍数词、列举数词、重复数词

3. 货币与价格

Lesetext : Wo wollen Sie wohnen? 您想住何处?

Hören

Bauten in Deutschland 德国建筑

Das ist ein Platz in Rothenburg.
Das ist eine Stadt in Süddeutschland.
Die Stadt ist 800 Jahre alt
und hat 11 800 Einwohner.

Das ist ein Bauernhaus in Vechta.
Vechta ist eine Stadt bei Oldenburg.
Sie hat 24 000 Einwohner.

这是维希特的一间农舍。维希特是奥尔顿堡

这是奥特堡的一个广场。奥特堡是德国南部的一个城市，这个城市已有 800 年历史，有 11 800 名居民。

附近的一个城市，有 24 000 名居民。

Das ist eine Kirche in Bayern.
Sie heiβt "Wieskirche" und liegt bei Füssen.

这是巴伐利亚的一个名叫"维斯"的教堂，位于非森附近。

Das ist eine Fabrik in Rüsselsheim. Hier arbeiten 34 000 Leute. Dort produziert man Autos.

这是沃瑟海姆的一个工厂，有 34 000 名工人。那儿生产汽车。

Das ist ein Dorf im Engadin. Das Engadin liegt in der Schweiz. Das Dorf ist nicht sehr groβ, aber schon 500 Jahre alt.

这是瑞士恩噶丁的一个乡村。这个乡村不大，但已有 500 年历史。

Das ist eine alte Wassermühle in Norddeutschland. Jetzt ist die Mühle ein Wohnhaus. Es gibt ein Zimmer, eine Küche und ein Bad.

这是德国北部的一个老水磨房。现在，这个磨房成了居所：有一个房间、一个厨房和一个浴室。

Wohnungen 住房

Bei der Verwaltung des Studentenwerkes füllt Frau Wang ein Formular aus, bezahlt 100 *Euro Kaution und bekommt den Zimmerschlüssel. Eine alte Dame führt sie zum Haus* 8, *Zimmer* 705.

■ Das ist Ihr neues Zimmer. Es ist möbiliert und etwa $14m^2$ groβ. Sie haben fast alles, was Sie zum täglichen Leben brauchen: ein Bett mit Bezügen, einen Arbeitstisch mit Tischlampe, ein Bücherregal, einen Sessel und zwei Klappstühle. Und hier sind Waschbecken und Wandschrank.

□ Ja, ich finde das Zimmer sehr schön. Man kann hier gut leben und arbeiten. Ich habe eine Frage: Gibt es hier auch eine Kochmöglichkeit?

■ Ja, in jedem Stock gibt es eine Gemeinschaftsküche mit Kühlschrank und Geschirr. Sie können jederzeit kochen, wenn Sie wollen.

□ Und wo ist das Bad?

■ Ihrem Zimmer gegenüber ist ein Duschraum. Daneben ist die Toilette. Es gibt in jedem Stock noch einen gemeinsamen Aufenthaltsraum, wo man abends auch fernsehen kann.

□ Gibt es hier in der Nähe ein Postamt? Ich muss noch meinen Vater aurufen.

■ Ja, das Postamt liegt nicht weit von hier, etwa 500m. Aber wenn Sie nur telefonieren wollen, gibt es eine Telefonzelle unten gleich vor dem Haupteingang.

□ Kann man nach Hamburg durchwählen?

■ Ja, die Vorwahl von Hamburg ist 040. Dann wählen Sie die Nummer. Sie haben sicherlich die Telefonnummer von Ihrem Vater bei sich, nicht wahr?

□ Ja, die habe ich. Ich danke Ihnen für Ihre Führung und für Ihre Auskunft.

■ Nichts zu danken. Wenn Sie irgendein Problem haben, können Sie sich immer an mich wenden.

□ Sehr nett von Ihnen. Das mache ich.

在大学生服务中心管理处，王小姐填写了一份表格，付了 100 欧元押金，拿了房门钥匙，一位老太太把她带到 8 号楼 705 房间。

■ 这是一间备有家具、约 14 平方米的新房。您日常生活需要的一切基本都有:一张带有床上用品的床、一个带台灯的写字台、一只书架、一个小沙发和两把折叠椅。这儿是洗脸盆和壁橱。

□ 是啊, 我感觉挺好的, 在这儿可以很好地生活和工作。我有一个问题:这儿也可做菜烧饭吗?

■ 可以, 每一楼层都有一个公用厨房间, 还有电冰箱和餐具, 您想做饭的话, 随时都可以。

□ 洗澡间在哪儿?

■ 您的房间对面就是淋浴室, 隔壁是厕所。每层还有一间公用起居室,那里晚上也可看电视。

□ 这儿附近有邮局吗? 我得立即给我父亲挂个电话。

■ 有, 邮局离这儿不远, 大约 500 米。不过,如果您想打电话的话,下面大门口就有电话亭。

□ 可以直接拨汉堡吗?

■ 可以, 汉堡市的区号是 040, 然后再拨电话号码。您父亲的电话号码一定带在身边,是吗?

□ 电话号码我带着。感谢您的指点和提供的情况。

■ 不,不用谢。如果您有什么问题的话,随时都可以找我。

□ 您真好。我会这样做的。

Tina hat ein neues Zimmer und zieht heute ein. Heinz soll ihr beim Umzug helfen.

□ Hier ist es. Na, wie gefällt es dir?

■ Großartig! Da kannst du aber zufrieden sein!

□ Das bin ich auch!

■ Wie willst du denn deine Möbel stellen?

□ Ich hab's so gedacht: den Schrank rechts und den alten Sessel zwischen die Bücherregale.

■ Und wohin mit diesem Bild?

□ Das hängen wir über das Bett.

■ Und diese Lampe?

□ Stell sie auf den Schreibtisch? —Nein, hier vor die Bücher! Fehlt noch was?

■ Hast du nicht noch ein Tischchen?

□ Natürlich, das können wir unter die Stehlampe dort in die Ecke stellen, oder geht das nicht?

■ Doch, das wird prima! Und wohin sollen die Zeitungen?

□ Ja, leg sie mal unters Bett!

蒂娜有了个新房间，今天搬家，海因茨应邀来帮忙。

□ 这就是我的房间,觉得怎么样?

■ 太棒了! 你这下满意了吧!

□ 是的。

■ 您想怎么摆放家具?

□ 我想,柜子放在右边,旧沙发放在书架之间。

■ 这幅画挂哪儿?

□ 挂到床的上方。
■ 灯呢？
□ 放到写字台上——噢，不，放到这些书的前面吧！还有什么？
■ 你不是还有张小桌子吗？
□ 对了，我们可以把它放到那个角落的落地灯下面，行不行？
■ 行，很好！报纸放到哪儿？
□ 就放到床下面！

Text

Zimmersuche

In einigen Ländern bekommen alle Studenten mit der Zulassung gleichzeitig eine Unterkunft, das nennt man Campus – System. Die deutschen Hochschulen kennen dieses System nicht. Ausländische wie deutsche Studenten müssen sich also selbst um ein Zimmer oder um eine Wohnung bemühen.

Es gibt mehrere Möglichkeiten der Zimmersuche: einige akademische Auslandsämter und Studentenwerke verfügen über eigene Zimmervermittlungen. Man kann sich auch an einen Makler, d. h. einen Vermittler wenden, dazu muss man eine Maklergebühr von meist zwei Monatsmieten bezahlen. Eine weitere Möglichkeit stellen die Anzeigenspalten der örtlichen Zeitungen dar: Rubrik “Vermietungen” bzw. “Mietgesuche”.

Die Nachfrage nach Zimmern in den Studentenheimen übersteigt das Angebot bei weitem. Nur ca. ein Zehntel der Studenten kommt in Wohnheimen unter. Wollen Sie einen Platz in einem Studentenheim bekommen? Dann müssen Sie sich formell zu bestimmten Terminen bewerben.

Vor dem Einzug in die gemietete Wohnung sollte man einen schriftlichen Mietvertrag abschließen. Schriftliche Verträge haben den Vorteil: bei Auseinandersetzungen zwischen Mieter und Vermieter ist eine eindeutige juristische Basis vorhanden. Vor Abschluss des Mietvertrags ist eine generelle Beratung beim Akademischen Auslandsamt, beim Allgemeinen Studentenausschuss oder beim Studentenwerk möglich.

Vokabeln

die Zimmersuche	找房子,求租	die Vermietung – en	出租
der Staat – en	国家	beziehungsweise(bzw.)	或者,以及
gleichzeitig	同时的	das Mietgesuch – e	求租申请
die Unterkunft ⸚e	住宿	die Nachfrage – n	需求
der Campus	校园	übersteigen* *vt*.	超过
das System – e	体系,系统,制度	das Angebot – e	提供
die Hochschule – n	高等学校	circa(ca.)	大约
kennen* *vt*.	知道,了解,认识	das Zehntel	十分之一
ausländisch	外国的,国外的	unter/kommen* *vi*.	住宿
sich bemühen	尽力,努力,费力	formell	形式的,正式的
also	如此,这样,那么	bestimmt	确定的,固定的,肯定的
selbst	自己,本人,亲自	schriftlich	书面的
mehrere	几个,一些,若干	der Mietvertrag ⸚e	租房合同
das Studentenwerk – e	学生管理处	ab/schließen* *vt*.	签订,锁上
verfügen *vi*.	拥有,占有	der Vertrag ⸚e	条约,合同
die Vermittlung – en	调停, 介绍	der Vorteil – e	优越性,优点
sich wenden	请求,求助于	die Auseinandersetzung – en	争议,说明
der Makler –	经纪人, 中间人	der Mieter –	房客,承租人
der Vermittler –	调解人,中间人	der Vermieter –	房主,出租人
die Maklergebühr – en	中介费用	eindeutig	明确的
meist	大都,大多数的	juristisch	法律上的
die Monatsmiete – n	月租金	die Basis/ Basen	基础
bezahlen *vt*.	支付,还清	vorhanden	在手头上的,现有的
weiter	其他的,此外的	der Abschluss ⸚e	订立,结束
dar/stellen *vt*.	描写,描述,扮演	generell	一般的,普遍的
die Anzeigenspalte – n	广告栏	die Beratung – en	咨询,建议
örtlich	地方的,当地的	allgemein	一般的,普遍的
die Rubrik – en	专栏,类别	der Studentenausschuss ⸚e	学生会

Texterläuterungen

1. Campus – System　住校制；　Campus　校园,学校场地。
2. Ausländische wie deutsche Studenten…　外国学生以及德国学生……　…wie 意为“和,以及”。

3. …einige akademische Auslandsämter und Studentenwerke verfügen über eigene Zimmervermittlungen. 一些大学的外办和学生生活处设有住房介绍所。

4. …dazu muss man eine Maklergebühr von meist zwei Monatsmieten bezahlen. 为此人们要支付约合两个月租金的中介费用。

5. Eine weitere Möglichkeit stellen die Anzeigenspalten der örtlichen Zeitungen dar: Rubrik "Vermietungen" bzw. "Mietgesuche". 地方性报纸的广告"招租"以及"求租"栏目则为找房提供了另一种方法。

6. bei weitem 远远地,大大地。

7. Vor dem Einzug in die gemietete Wohnung soll man einen schriftlichen Mietvertrag abschließen. 搬进所租房屋之前应签订书面租房合约。

8. …bei Auseinandersetzungen zwischen Mieter und Vermieter ist eine eindeutige juristische Basis vorhanden. 在房客和房东发生争执的时候,有一个明确的法律依据。

9. Vor Abschluss des Mietvertrags ist eine generelle Beratung beim Akademischen Auslandsamt, beim Allgemeinen Studentenausschuss oder beim Studentenwerk möglich. 在签订租借合同前,大学外事处、学生会或者学生生活处可提供一般性的建议。

Wörter und Wendungen

1. *kennen* **认识,知道**

例:Seine Frau kenne ich nicht, aber ihn kenne ich gut. 他妻子我不认识,可他我很熟悉。

Ich kenne ihn nicht persönlich, nur dem Namen nach. 我不认识他本人,只知道其名。

Kennen Sie hier in der Nähe ein nettes Lokal? 您知道这附近有好酒馆吗?

Ich weiß den Verfasser des Buches, aber ich kenne ihn nicht. 我知道这本书的作者,但不认识他。

2. *sich bemühen* **费神,努力;关心,照顾;竭力,争取**

例:Bitte, bemühen Sie sich nicht! 请别费神!

Der Arzt bemüht sich um den Kranken. 这位医生关心病人。

Er bemüht sich um ihr Verständnis. 他争取她的谅解。

Die Studenten müssen sich selbst um ein Zimmer bemühen. 学生们必须自己设法找住处。

Ich werde mich um einen Termin für Sie bemühen. 我设法为您安排一个会面时间。

3. *sich wenden an A* **求助**

例:An wen muss ich mich wenden? 我得求助于谁?

Ich wende mich an einen Rechtsanwalt. 我求助于律师。

4. *bezahlen* 支付,付出

例:Er bezahlt das Essen für alle. 他为所有人支付饭钱。

Du musst dafür einen hohen Betrag bezahlen. 你得为此支付一笔巨款。

5. *sich bewerben* 请求,申请

例:Er möchte sich um ein Stipendium bewerben. 他想申请奖学金。

Ich werde mich an der Universität bewerben. 我将申请上大学。

Dann müssen Sie sich formell zu bestimmten Terminen bewerben. 那么您得在规定的期限内提出正式申请。

6. *ab/schließen* 锁住,结束,签订

例:Schließe das Haus ab! 把屋子锁上!

Der Student hat das Studium mit dem Examen abgeschlossen. 这位大学生通过考试结束了学业。

Man soll einen schriftlichen Mietvertrag abschließen. 人们应该签订书面租房合约。

Grammatik

G1. 命令式

德语动词有三个叙述方式:①直陈式,表示动作确实发生;②命令式,表示一种命令、请求、要求、警告、禁止等;③虚拟式,表示主观愿望、想象或假设。此前我们所学的是直陈式,现在我们学习动词的另一种叙述方式——命令式。命令式分为一般命令式和尊称命令式,其句末均用惊叹号。

1) 单数第二人称命令式的构成。

单数第二人称命令式须省去主语 du,动词形式有以下几种变化:

(1) 弱变化动词:词干加 e(e 也可省略)。

fragen: Frag(e) den Lehrer! 问老师吧!

lernen: Lern(e) fleißig! 努力学习!

schreiben: Schreib(e) ihr einen Brief! 给她写封信!

an/rufen: Ruf(e) mich morgen an! 明天给我打个电话!

(2) 如果动词词干以 – d, – t, – ffn, – chn 等结尾:词干加 e。

warten: Warte bitte auf mich! 请等我!

bilden: Bilde einen Satz! 造个句子!

öffnen: Öffne mal das Fenster! 打开窗户!

rechnen: Rechne bitte schnell! 快点算!

(3) 以词干元音发生变音的强变化动词,词干元音不再变音:词干加 e(e 可省略)。

fahren: Fahr(e) nach Hause! 回家去吧!

laufen: Lauf(e) schnell! 快跑!

tragen: Trag(e) das Essen ins Zimmer! 把饭端到屋里来!

(4) 词干元音 e 换成 i 或 ie 的强变化动词用变化后的词干。

lesen: Lies das Wort! 读这个词!

helfen: Hilf dem Studenten! 帮帮这位同学!

nehmen: Nimm Platz! 坐下!

fern/sehen: Sieh heute nicht fern! 今天别看电视!

2) 第二人称复数命令式的构成。

第二人称复数命令式须省去主语 ihr,动词形式与直陈式相同:

动词词干 + t

fragen:	Fragt den Lehrer!	你们问老师吧!
warten:	Wartet hier!	你们在这儿等着!
lesen:	Lest den Text!	你们读课文吧!
fahren:	Fahrt nach Hause!	你们回家吧!
nehmen:	Nehmt bitte Platz!	你们请坐吧!
an/rufen:	Ruft mich an!	你们给我打电话!

3) 尊称命令式的构成。

尊称命令式不能省略主语 Sie,动词形式与直陈式相同,但是动词位于句首,主语 Sie 居第二,句中常加 bitte(请)。尊称命令式是一种很客气的请求句型。

kommen:	Kommen Sie bitte herein!	请进!
warten:	Warten Sie bitte einen Moment!	请您稍等片刻!
lesen:	Lesen Sie den Text laut!	请您们大声读课文!
nehmen:	Nehmen Sie bitte Platz!	您请坐!
fahren:	Fahren Sie nach Hause!	您们请回吧!
an/rufen:	Rufen Sie mich bitte an!	请您给我打个电话!

【注】"bitte"也可放句首或句末:

例:Bitte, nehmen Sie Platz! 您请坐!

Nehmen Sie Platz, bitte! 您请坐!

4) 动词 haben, sein 的命令式的构成。

haben: Hab keine Angst! (你)别害怕!

Habt vielen Dank! 多谢你们!

Haben Sie vielen Dank! 多谢您(们)!

sein: Sei fleißig! (你)要努力!

Seid ruhig! 你们要安静!

Seien Sie nicht böse! 您(们)别生气!

5) 第一人称复数命令式的构成。

如果是向包括说话人在内的人提出要求,则常使用第一人称复数命令式。不能省去主语 wir,动词形式与直陈式相同。

fragen: Fragen wir den Lehrer! 我们问老师吧!

bilden: Bilden wir Sätze! 我们造句吧!

warten: Warten wir hier! 我们在这儿等着!

fahren: Fahren wir nach Hause! 我们回家吧!

essen: Essen wir zu Abend! 我们吃晚饭吧!

G2. 几种常见的数词——分数词、倍数词、列举数词、重复数词

数词中除了已学过的基数词、序数词、不定数词外,还有分数词、倍数词、列举数词、重复数词等,下面就其中几种做简要介绍。

1) 分数词。

(1) 构成。

分　数　词	以名词形式出现的分数词
1/2 = halb, ein halb	die Hälfte
1/3 = ein drittel	ein Drittel
3/4 = drei viertel	drei Viertel
7/20 = sieben zwanzigstel	sieben Zwanzigstel
3/100 = drei hundertstel	drei Hundertstel

【注】①分数词表示整体的一部分。它由两个部分构成,分子为基数词,分母为序数词。

②分数词常以名词形式出现。

③百分数由基数词 + %(读作 Prozent)构成。50%读作 fünfzig Prozent。

④除 die Hälfte 外,以名词形式出现的分数词均为中性名词。

(2) 用法。

分数词只用作定语,通常位于表示数量的名词之前。

例:drei viertel Jahr Arbeit　四分之三年度的工作

ein drittel Kilo Kaffee.　三分之一千克咖啡。

zwei fünftel Liter Bier.　五分之二升啤酒。

(3) 代分数 1 1/2 表示法。

1 1/2 Kilo = ein(und)einhalb Kilo

= anderthalb Kilo

= ein und ein halbes Kilo　1.5 千克

【注】halb 按形容词变格。

(4) 1 1/2, 2 1/2……均可用数加 einhalb 构成复合词,且无词尾变化。

例:1 1/2 Stunden = ein(und)einhalb Stunden　一个半小时

2 1/2 Tage = zwei(und)einhalb Tage　两天半

(5) 德语的小数点用逗号表示,读作 Komma。

例:0, 8　null Komma acht

1,33　ein Komma drei drei

7,45　sieben Komma vier fünf

2) 倍数词。

由基数词、不定数词加 – fach 构成。

einfach　一倍	hundertfach　百倍
zweifach　二倍	vielfach　多倍
dreifach　三倍	mehrfach　数倍

【注】倍数词作定语时,其变格与形容词相同;作状语时,视作副词,不变格。

3) 列举数词。

由序数词词干加后缀 – ens 构成。

erstens　第一	drittens　第三
zweitens　第二	viertens　第四

4) 重复数词。

由基数词、不定代词等加 – mal 构成。

einmal　一次	jedesmal　每次
zweimal　二次	einigemal　好几次
dreimal　三次	manchmal　有时
zwanzigmal　二十次	vielmal　很多次
hundertmal　百次	keinmal　从不

例：Herr Müller geht einmal in der Woche ins Restaurant.　米勒先生每周下一次馆子。

Ich fahre zweimal im Jahr in Urlaub.　我每年度假两次。

5）常用数字符号的读法。

1%	ein Prozent
0,1	null Komma eins
2,25	zwei Komma zwei fünf
2+4=6	Zwei und vier ist(gleich) sechs.
6－4=2	Sechs minus vier ist(gleich) zwei.
2×4=8	Zwei mal vier ist(gleich) acht.
8÷4=2	Acht durch vier ist(gleich) zwei.

G3. 货币与价格

1）德国马克。

德国现行货币单位为两种，即：deutsche Mark(德国马克)和 der Pfennig（芬尼）。DM 纸币面值分别为 1000DM，500DM，200DM，100DM，50DM，20DM，10DM，5DM。硬币面值分别为 5DM，2DM，1DM，50Pfennig，10Pfennig，5Pfennig，2Pfennig 和 1Pfennig。

2）欧元。

欧盟各国于 1991 年 12 月订立《马斯特里赫特条约》,确定分三阶段实现欧洲经济和货币联盟的目标,其最后任务便是发行欧洲单一货币欧元,以取代欧元区各国的现行货币。自 1999 年 1 月 1 日起，欧元开始进入欧元区非现金的支付阶段;2002 年 1 月 1 日，欧元将进入现金支付阶段。过渡阶段内,欧元与现行货币并存,最迟于 2002 年 7 月 1 日，欧元最终取代各国货币，成为欧元区单一货币。

欧元包括 5 元(灰色)、10 元(红色)、20 元(蓝色)、50 元(橙色)、100 元(绿色)、200 元(黄色)和 500 元(紫色)等 7 种面值的纸币。欧元硬币包括 1 分、2 分、5 分、10 分、20 分、50 分、1 元和 2 元等 8 种面值，设计图案一面为象征欧盟的 12 颗星，另一面由各国中央银行自行决定。

3）货币读法。

1DM

1,00DM = eine Mark，eine D－Mark

1Mark sind 100 Pfennig.　一马克等于 100 芬尼。

0，04DM = vier Pfennig

0，48DM = achtundvierzig Pfennig

2，35DM = zwei Mark fünfunddreiβig

4）如何询问价格。

例：Was kostet das?　多少钱？

Was macht das Buch?　这本书多少钱?
Wieviel kostet das Hemd?　这件衬衫多少钱?
Wie teuer sind eine Flasche Bier und ein Kilo Brot?　一瓶啤酒和一千克面包多少钱?
Was macht das alles zusammen?　这些共计多少钱?

Übungen

Ü1. 选择题

(1) Du lernst Deutsch. ______ Deutsch!
a. Lernst　b. Lernt　c. Lerne

(2) Ihr studiert fleißig. ______ fleißig!
a. Studiert　b. Studieren　c. Studiere

(3) Du arbeitest fleißig. ______ fleißig!
a. Arbeitest　b. Arbeite　c. Arbeit

(4) Du läufst schnell. ______ schnell!
a. Lauf　b. Läufst　c. Läufe

(5) Du nimmst am Fenster Platz. ______ am Fenster Platz!
a. Nimmst　b. Nimm　c. Nehm

(6) Ihr ruft ihn an. ______ ihn an!
a. Ruft　b. Ruf　c. Ruft ihr

Ü2. 造句

nehmen—Platz
→Nimm Platz!
Nehmt Platz!
Nehmen Sie Platz!

(1) gehen — nach Hause
(2) essen — Gemüse
(3) fahren — mit dem Zug
(4) warten — auf ihn
(5) helfen — dem neuen Studenten
(6) kommen — zu Herrn Müller

(7) lesen — den Text laut
(8) öffnen — die Tür
(9) bringen — mir ein Glas Bier
(10) fern/sehen — nicht so viel

Ü3. 将下列句子改成命令句

(1) Sie fragen den Lehrer.
(2) Du hilfst der alten Frau.
(3) Ihr sprecht laut.
(4) Du kaufst mir das Buch.
(5) Ihr gebt ihm die Hand.
(6) Du antwortest mir auf die Frage.
(7) Sie fahren nach Berlin.
(8) Du läufst schnell zu ihm.
(9) Ihr übt die Aussprache.
(10) Du liest den Text langsam(慢).

Ü4. 将下列句子改写成对"du"和"ihr"的命令句

(1) Trinken Sie oft ein Glas Milch(牛奶)!
(2) Kommen Sie nicht zu spät!
(3) Essen Sie viel Obst!
(4) Setzen Sie sich bitte auf den Stuhl!
(5) Grüßen(问候) Sie bitte Ihre Mutter von mir!
(6) Nehmen Sie doch den Zug um 9 Uhr!
(7) Seien Sie doch nicht immer so ungeduldig(不耐烦)!
(8) Fahren Sie nicht so schnell!

Ü5. 回答问题

Was machen wir mit dem Buch? (auf den Tisch legen) →Legen wir es auf den Tisch!

(1) Was mache ich mit dem Mantel? (hinter die Tür hängen 挂到门后)
(2) Was mache ich mit dem Koffer? (unter das Bett stellen)
(3) Was machen wir mit dem Tisch? (an das Fenster stellen)
(4) Was soll ich machen? (zur Vorlesung gehen)
(5) Was soll ich machen? (auf Herrn Schmidt warten)
(6) Was sollen wir machen? (den Roman lesen)

Ü6. 将下列句子译成汉语

(1) Herr Müller geht zweimal in der Woche ins Restaurant.

(2) Ich möchte drei viertel Liter (升) Bier.

(3) Seit vierundeinhalb Jahren wohne ich in München.

(4) Was kostet (花费) die einfache Fahrt (旅程) nach Berlin?

(5) Lesen Sie den Text noch einmal!

(6) Sie kommt heute aus drei Gründen (理由) nicht: erstens muss sie arbeiten, zweitens hat sie kein Geld, drittens hat sie keine Lust (兴趣).

(7) Nur ca. zehntel der Studenten kommt in Wohnheimen unter.

Ü7. 用德语说出下列商品价格

Was kosten Schuhe (鞋) in Deutschland? (billig —40DM, teuer —260DM) →Billige Schuhe kosten 40DM. Teure Schuhe kosten 260DM.

(1) Was kostet ein Fahrrad(自行车) in Deutschland? (200DM—600DM)

(2) Was kostet eine Jacke in Deutschland? (150DM—1 000DM)

(3) Was kostet eine Schachtel (包) Zigaretten(香烟) in Deutschland? (4DM—6DM)

(4) Was kostet das Fernseher (电视机) in Deutschland? (900DM—2 000DM)

(5) Was kostet das Auto(小汽车) in Deutschland(12 000DM—100 000DM)

(6) Was kostet ein Pfund (磅) Tomaten (西红柿) in Deutschland? (2DM—6DM)

(7) Was kostet ein Pfund Bananen(香蕉) in Deutschland? (2DM—3DM)

(8) Was kostet ein Pfund Huhn(鸡) in Deutschland? (4,50DM—9DM)

Ü8. 阅读下列"求租"及"招租"广告

ZU MIETEN GESUCHT	ZU VERMIETEN
Einzelzimmer mit fließ. warm. u. kalt. Wasser in ruh. Lage sucht jung. Stud. Angebote unt. Tel:068 – 2341640	2 – ZW, 69m² wfl. in Frankfurt zu verm. Miete DM 800 + NK, Mo. – Fr. 9 – 13Uhr Tel: 06198 – 9053721
Berufstät. Ehepaar m 5jähr. Kind sucht 2 möbl. Zimmer bei gut. Leuten. Preis bis DM 500. Tel: 7486363	Frankfurt, Dahlmannstr. neu möbliertes Zi. m. kü, Bad/WC, an Herrn, DM 380 + NK. Tel: 06194 – 3274165

【注】Zi. = Zimmer

Wfl. = Wohnfläche

2 – ZW = 2 – Zimmer – Wohnung

\+ NK = Nebenkosten 另加其他费用，如：水、电、煤气、卫生费等。

WC = Wasserklosett

m. = mit

HZ = Heizung

kü. = Küche

möbl. Zi. = möbliertes Zimmer

Mo. – Fr. = Montag – Freitag

u. = und   ruh. = ruhig

Stud. = Student

verm. = vermieten

Ü9. 朗读并学习下列常用缩略语

d. h. = das heißt 也就是说，即

bzw = beziehungsweise 或者，以及

ca. = circa 大约

Adr. = Adresse 地址

od. = oder 或者

s. = siehe 参见……

S. = Seite 页

kg. = Kilo(gramm)千克

g. = Gramm 克

u. = und 和；unten 下面

u. a. = und andere 另外的

unter anderem 此外

usw. = und so weiter 等等

z. B. = zum Beispiel 例如

Nr. = Nummer 号码

Dr. = Doktor 博士

Prof. = Professor 教授

z. Z. = zur Zeit 目前

Ü10. 根据课文内容回答问题

(1) Was ist Campus – System?

(2) Bekommen alle deutschen Studenten mit der Zulassung gleichzeitig eine Unterkunft? Was sollen sie machen?

(3) Wie kann ein Student ein Zimmer in Deutschland suchen?
(4) Wollen viele Studenten im Studentenheim wohnen?
(5) Was soll man vor dem Einzug machen?
(6) Haben schriftliche Verträge Vorteil? Warum?

Ü11. 译成德语

(1) 外国留学生必须自行找房。
(2) 我得求助于谁呢?
(3) 要求入住学生宿舍的申请数量远超过其他类型的申请。
(4) 彼特,快上来,火车马上就要开了!
(5) 我应支付中介人多少佣金?
(6) 汉斯、丽莎,快回家,你们的妈妈在等你们呢!
(7) 请您再说一遍!
(8) 我要一升牛奶、一磅苹果(r. Apfel)、三个小面包,一共多少钱?

Lesetext

Wo wollen Sie wohnen?

Man kommt in einer fremden Stadt an, man sucht eine Unterkunft. Jede Großstadt hat verschiedene Hotels. Es gibt dort moderne Restaurants, Bars und Tanzbars. Diese großen Hotels stehen in jedem Reiseführer, jeder kennt sie. Aber sie liegen gewöhnlich in der Stadtmitte oder nicht weit vom Bahnhof.

Der Lärm auf der Straβe kann oft die Gäste stören. Und doch sind diese Hotels immer voll besetzt, und sie sind auch recht teuer. Soll man immer ein Zimmer in so einem groβen und bekannten Hotel nehmen? Keinesfalls! Es gibt ja in jeder Stadt noch viele kleine Hotels und Pensionen. Diese netten Häuser sind sehr gemütlich und ruhig. Sie liegen oft in einem Park oder einem Garten. Sie sind auch nicht so teuer. Die Bedienung dort ist auch nicht schlecht.

Die jungen Leute können auβerdem in Jugendherbergen übernachten. Sie liegen gewöhnlich in der schönen Umgebung an einem Fluβ oder einem See. Man kann dort leicht eine Unterkunft finden.

Nun, was denken Sie? Wollen Sie nur in einem Hotel übernachten? Oder möchten Sie lieber einige Tage gemütlich wohnen?

(参考译文)

您 想 住 何 处?

当人们来到一个陌生的城市时，得找住宿的地方。每个大城市都有各种各样的旅馆，有摩登的大饭店、酒吧和舞厅。这些大饭店可以在任何一本导游手册里找到,每个人都知道它们。但是这些饭店通常地处市中心或者离火车站不远的地方。

大街上的噪音也常常侵扰客人。尽管如此,这些饭店常常爆满,并且十分昂贵。人们真的应该总是入住这些大而有名的饭店吗？当然不是,每个城市都有一些小饭店和膳食公寓。这些可爱的房子通常位于公园或花园里,非常舒适安静,而且也不太贵,那里的服务也不差。

此外,年轻人还可以在(为青少年旅行设置的)青年旅舍里过夜。这些旅舍通常地处郊区美丽的河滨或湖畔。在那儿,可以很容易找到住宿地方。

那么,现在您在想些什么？您还是想入住大饭店吗？抑或您更希望舒舒服服地住上几天呢？

LEKTION 3 第三课

Hören：Fragen nach dem Weg 问路

Schneewittchen 白雪公主

Text：Till Eulenspiegel

Grammatik：1. 动词的过去时

2. 带 zu 的不定式

3. 形容词与介词的固定搭配

Lesetext：Till als Lastträger 梯尔当脚夫

Hören

Fragen nach dem Weg 问路

Herr Liu möchte einige Geschenke für seine Freunde besorgen und fragt einen Passanten nach einem passenden Geschäft.

■ Entschuldigen Sie bitte! Ich habe eine Frage.

□ Ja.

■ Können Sie mir bitte sagen, wo ich das Kaufhaus des Westens finde?

□ Das KaDeWe ist auf der Tauentzienstr. Hier ist die Lietzenburger Str. Gehen Sie die nächste Kreuzung links. Dann sind Sie auf der Nünberger Str. Diese Straβe gehen Sie bitte entlang. Dann gehen Sie bitte die zweite Straβe links. Da ist die Tauentziehenstr. Nach ungefähr 50 Metern sehen Sie das KaDeWe.

■ Danke. Ich habe noch eine Frage an Sie.

□ Ja, bitte.

■ Ich möchte Geschenke für meine Freunde in China kaufen. Glauben Sie, dass ich dort alle Geschenke finden kann.

□ Hm. Ich weiß nicht. Das KaDeWe hat eine sehr große Auswahl. Sie können aber auch mal den Kudamm entlanggehen. Dort gibt es auch sehr viele Fachgeschäfte.

■ Ich danke Ihnen. Sie waren sehr hilfsbereit.

刘先生想给朋友买些礼物并就此向一路人咨询。

■ 对不起！我想请教一下。

□ 好的。

■ 您能告诉我去 KaDeWe 怎么走？

□ KaDeWe 在 Tauentziehen 大街。这儿是 Lietzenburger 大街。您走到下一个路口向右，就是 Nünberg 大街。然后向前走两条街向左就是 Tauentziehen 大街了，大约再走 50 米就可以到 KaDeWe 了。

■ 谢谢！还有个问题。

□ 请说。

■ 我想给中国的朋友买些礼品。那儿可以买到吗？

□ 嗯。我不太清楚。KaDeWe 选择余地很大，但您也可以沿着 Kudamm 大街走，那儿有许多专营店。

■ 谢谢！您真热情。

Schneewittchen 白雪公主

Es war einmal mitten im Winter. Es schneite, und die Schneeflocken fielen leicht wie Federn vom Himmel herab. Da saß eine Königin an einem schwarzen Holzfenster und nähte. Und wie sie so nähte und zu dem Schnee aufsah, da verletzte sie sich mit der Nadel am Finger, und es fielen drei Tropfen Blut in den Schnee. Und weil das Rot im weißen Schnee so schön aussah, dachte sie bei sich: "Hätte ich nur ein Kind, so weiß wie Schnee, so rot wie Blut und so schwarz wie das Holz an dem Fenster! "

Bald danach bekam sie ein Töchterlein, das war so weiß wie Schnee, so rot wie Blut und so schwarzhaarig wie das Holz am Fenster und wurde deshalb Schneewittchen (Schneeweißchen) genannt. Und wie das Kind geboren war, starb die Königin.

Nach einem Jahr nahm sich der König eine andere Frau. Es war eine schöne Frau, aber sie hielt so viel von sich und fand sich so schön, dass sie es nicht mochte, wenn jemand noch schöner war als sie. Und wenn sie sich vor den Spiegel stellte und sich darin ansah, sprach sie:
"Spieglein, Spieglein an der Wand, Wer ist die Schönste im ganzen Land? "
Und der Spiegel antwortete:
"Frau Königin, Ihr seid die Schönste im Land. "

Da war sie zufrieden, denn sie wuβte, dass der Spiegel die Wahrheit sagte.
Schneewittchen aber wuchs heran und wurde immer schöner. Und als es sieben Jahre alt war, war es so schön wie der klare Tag und schöner als die Königin selbst. Als diese wieder einmal ihren Spiegel fragte.
"Spieglein, Spieglein an der Wand, Wer ist die Schönste im ganzen Land?"
Da antwortete er:
"Frau Königin, Ihr seid die Schönste hier, Aber Schneewittchen ist tausendmal schöner als ihr."

从前,正当隆冬时节,天下着雪,雪花如鹅毛般轻轻地从天上飘落。这时一位王后坐在一扇黑色的木窗旁缝衣服,当她边缝边抬头看落雪时,针刺破了手指,3 滴血滴入雪中。红红的颜色在白雪中是如此的好看,因而她心想:"如果我有一个孩子,(皮肤)如雪样白,(面颊)如血般红,(头发)如木窗般黑该有多好啊!"

没多久王后生了个小女儿,她(的皮肤)白如雪,(脸庞)红如血,头发黑如木窗,因而起名叫白雪公主。这孩子生下后,王后就死了。

一年后,国王又娶了一位妻子。这是位美丽的妇人,但她只关心自己并且认为自己很美丽,不喜欢别人比自己漂亮。当她站到镜前照镜子时,她总要说:"小镜子,墙上的小镜子,谁是全国最美丽的女子?"

镜子回答道:"王后陛下,您是这个国家最美丽的女子。"

这时她就满意了,因为她知道,镜子说的是真话。

可是白雪公主长大了并且变得越来越美丽。当她 7 岁时,美丽清纯,其美甚至超过了王后本人。当王后再次问镜子:"小镜子,墙上的小镜子,谁是全国最美丽的女子?"

镜子答道:"王后陛下,您是这儿最美的女子,但白雪公主比您美 1 000 倍。"

Text

Till Eulenspiegel

Till Eulenspiegel ist vermutlich um das Jahr 1 300 in Kneitlingen bei Braunschweig zur Welt gekommen und 1 350 in Mölln gestorben, aber sicher ist es nicht, ob er wirklich einmal gelebt hat. Er ist der Held eines deutschen Volksbuches. Er kritisiert mit bäuerlichem Witz seine Mitmenschen. Das Buch gibt es in fast allen europäischen Sprachen.

Eines Tages kam Eulenspiegel nach Magdeburg. Einige angesehene Bürger der Stadt baten ihn, etwas zum besten zu geben.

“Gut,” sagte Eulenspiegel, “ich bin einverstanden, ich will vom Balkon des Rathauses über die ganze Stadt fliegen.”

Alle liefen zum Rathaus. Alle sahen nach dem Balkon. Da erschien Eulenspiegel auf dem Balkon. Die Menschen riefen laut: “Hurra!” Dann wurde es still. Alle warteten.

Eulenspiegel sprang einige Male und bewegte die Arme wie ein Vogel. Die Menschen standen mit offenen Augen und Mündern da.

Da begann Eulenspiegel zu lachen und rief: “Alle nennen mich einen Narren, ich sehe aber hier viele Narren. Die ganze Stadt Magdeburg ist voll Narren. Ohne Flügel kann niemand fliegen, das wißt ihr gut. Ich habe keine Flügel, ich bin kein Vogel. Ich bin ein Mensch, ich kann nicht fliegen. Geht nach Hause.” Mit diesen Worten ging er fort.

Alle Leute gingen nach Hause, einige schimpften, die anderen lachten. Aber alle sagten: “Er ist ein richtiger Spaßvogel, aber er hat recht.”

Vokabeln

der Eulenspiegel　捉弄人者,滑稽人
　sterben* *vi.*　死
　sicher　一定的,肯定的
der Held -en, -en　英雄
　bäuerlich　农民的,农民式的
　europäisch　欧洲的
　angesehen　受尊敬的,有名望的
　einverstanden　同意的
der Witz -e　笑话,诙谐
der Mensch -en, -en　人,人类
　kritisieren *vt.*　批评
　fast　差不多,几乎
der Bürger -　市民
der Balkon -e　阳台
das Rathaus ¨er　议会大厦
　vermutlich　可能的,猜测的
　erscheinen* *vi.* (s)　出现,出席
　fliegen* *vi.* (s)　飞,飞行
　springen* *vi.* (s)　跳跃,跳
　bewegen *vt.*　搬动,运动
der Vogel ¨　鸟
das Auge -*n*　眼睛
der Mund ¨er　嘴
der Narr -en, -en　傻子
der Flügel -　翅膀
　niemand　没人
　fort/gehen* *vi.* (s)　离开,离去
　schimpfen *vi.*　骂,咒骂
der Spaßvogel ¨　爱开玩笑的人
　recht　对的,正确的
　voll　充满着,满的

Texterläuterungen

1. Till Eulenspiegel　为德国民间传说中的人物。
2. Aber sicher ist es nicht, ob er wirklich einmal gelebt hat.　但不能肯定的是，是否确有其人。
3. etwas zum besten geben　表演些什么。
4. mit offenen Augen und Mündern　瞪着眼，张着嘴。
5. voll Narren　充满了傻瓜，voll 常不变格。
6. recht haben　说的(或做的)是对的，正确的。
7. hurra　是感叹词，表示高兴、喜悦；意为“好啊，乌拉”。

Grammatik

G1. 动词的过去时

德语的过去时主要是用来表述过去连续发生的动作或状态的，用于叙述文章及长、短篇小说中。动词的过去时也有强、弱之分。

1）弱变化动词过去时的构成。

人　称	machen	fragen	wohnen	lernen	studieren	人称词尾
ich	machte	fragte	wohnte	lernte	studierte	– te
du	machtest	fragtest	wohntest	lerntest	studiertest	– test
er/sie/es	machte	fragte	wohnte	lernte	studierte	– te
wir	machten	fragten	wohnten	lernten	studierten	– ten
ihr	machtet	fragtet	wohntet	lerntet	studiertet	– tet
Sie/sie	machten	fragten	wohnten	lernten	studierten	– ten

如同动词的现在时变位一样，有些词干以) – t，– d，– ffn，– chn 结尾的弱变化动词，其过去时存在着特殊性。

人　称	antworten	baden	öffnen	zeichnen	人称词尾
ich	antwortete	badete	öffnete	zeichnete	– ete
du	antwortetest	badetest	öffnetest	zeichnetest	– etest
er/sie/es	antwortete	badete	öffnete	zeichnete	– ete
wir	antworteten	badeten	öffneten	zeichneten	– eten
ihr	antwortetet	badetet	öffnetet	zeichnetet	– etet
Sie/sie	antworteten	badeten	öffneten	zeichneten	– eten

2）强变化动词过去时的构成。

强变化动词过去时的构成通常词干的元音发生变化；第一和第三人称变化相同；其他人称的过去时构成则是在第一人称变位的基础上，加上与现在时变位一样的人称词尾即可。

人　称	haben	sprechen	laufen	lesen	sein	werden	人称词尾
ich	hatte	sprach	lief	las	war	wurde	–
du	hattest	sprachst	liefst	last	warst	wurdest	–(s)t
er/sie/es	hatte	sprach	lief	las	war	wurde	–
wir	hatten	sprachen	liefen	lasen	waren	wurden	–(e)n
ihr	hattet	spracht	lieft	last	wart	wurdet	–t
Sie/sie	hatten	sprachen	liefen	lasen	waren	wurden	–(e)n

【注】①有一部分动词的第一、第三人称单数的过去时构成带字母 e，那么 wir，Sie/sie (Pl.) 人称变位时，加 n 即可。

②词干以 – s 或 – ß 结尾的动词，第二人称单数 du 的变位只需加 t 即可。

③系动词 sein 的变位比较特殊，需特别记忆。

3）情态动词的过去时构成。

人　称	können	sollen	wollen	müssen	dürfen	mögen
ich	konnte	sollte	wollte	musste	durfte	mochte
du	konntest	solltest	wolltest	musstest	durftest	mochtest
er/sie/es	konnte	sollte	wollte	musste	durfte	mochte
wir	konnten	sollten	wollten	mussten	durften	mochten
ihr	konntet	solltet	wolltet	musstet	durftet	mochtet
Sie/sie	konnten	sollten	wollten	mussten	durften	mochten

【注】情态动词中 sollen 和 wollen 的过去时构成属弱变化。

4）在以前学过的课文中出现过的强变化动词及其过去时。

现在时	过去时	现在时	过去时
an/rufen	rief an	haben	hatte
an/ziehen	zog an	halten	hielt
beginnen	begann	hängen *vi.*	hing
ein/steigen	stieg ein	heißen	hieß
essen	aß	helfen	half
fahren	fuhr	kommen	kam
fallen	fiel	können	konnte
finden	fand	laufen	lief
fliegen	flog	lesen	las
geben	gab	liegen	lag
gehen	ging	mögen	mochte

续表

现在时	过去时	现在时	过去时
nehmen	nahm	sterben	starb
sehen	sah	trinken	trank
sein	war	umgeben	umgab
scheinen	schien	verlassen	verließ
schreiben	schrieb	werden	wurde
sprechen	sprach	wenden	wandte
springen	sprang	wissen	wusste
stehen	stand		

G2. 带 zu 的不定式

带 zu 的不定式分简单和扩展不定式两种,可作主语、宾语和定语。带 zu 的不定式带有宾语和状语,则为扩展不定式,否则就为简单不定式。扩展不定式与主句之间往往用逗号分开。

以下为简单不定式和扩展不定式可能出现的情况:

简单不定式	扩展不定式
zu essen 吃	zu Mittag zu essen 吃饭
sprechen zu können 会说	Deutsch sprechen zu können 会说德语
sich zu beschäftigen 从事,干	sich mit Philosophie zu beschäftigen 学习哲学
geholt zu haben 去取,去叫(人)	Wasser geholt zu haben 去打水
angekommen zu sein 到达	in Hefei angekommen zu sein 到达合肥
anzurufen 打电话	ihn anzurufen 给他打电话

1) 带 zu 的简单不定式。

(1) 作主语。

例:Es ist schwer zu sagen. 这很难说。

Es ist interessant zu lesen. 读书很有趣。

Es macht mir Spaß zu arbeiten. 劳动使我快乐。

Es ist wichtig zu studieren. 上大学很重要。

(2) 作宾语。

例:Er versuchte aufzustehen. 他试图站起来。

Wir fangen an spazierenzugehen. 我们开始散步。

Er vergisst zu essen und zu trinken. 他忘了吃饭、喝水。

Sie brauchen nicht zu warten. 您不必等候。

(3) 作定语。

例:Ich habe keine Lust zu studieren. 我不想学习。

Es gibt die Möglichkeit, eine Fortbildung zu machen.　有进修机会。

Er hat Zeit einzukaufen.　他有时间购物。

Der Lehrer hat Geduld zu zeichnen.　老师耐心画画。

2）带 zu 的扩展不定式。

（1）作主语。

例：Es freut mich, Sie kennenzulernen.　我很高兴认识您。

Es macht mir Freude, Sport zu treiben.　锻炼身体使我很高兴。

Es ist wichtig, die Tür sofort zu schließen.　立即关门很重要。

Es ist meine Hoffnung, Sie bald zu sehen.　我希望不久见到您。

（2）作宾语。

例：Einige angesehene Bürger baten ihn, etwas zum besten zu geben.　几个有声望的市民请他表演一点什么。

Die Bäuerin behauptete, das Brot sorgfältig gewogen zu haben.　农妇声称，已仔细称过这块面包。

Man verbietet uns, auf der Wiese zu sitzen.　有人禁止我们坐在草坪上。

Der Arzt forderte Marx auf, die Arbeitsmethode zu ändern.　医生要求马克思改变工作方式。

（3）作定语。

例：Ich habe den Wunsch, ein Geburtstagsgeschenk zu bekommen.　我想得到一份生日礼物。

Die Regierung bot mir eine Gelegenheit, in Deutschland zu studieren.　政府给我提供了一次去德国学习的机会。

Er hat Geduld, mir beim Studium zu helfen.　他耐心地帮助我学习。

Wir haben Zeit, mit dem Zug nach Shanghai zu fahren.　我们有时间乘火车去上海。

G3. 形容词与介词的固定搭配

德语中有为数不少的形容词与三格或四格介词构成固定搭配关系。

1）Dativpräpositionen（三格介词）。

例：Er ist sehr streng mit seinem Sohn.　他对他的儿子很严格。

Ich bin frei von Sorgen.　我没有烦恼。

Der Lehrer ist mit seinem Vorschlag einverstanden.　老师同意他的建议。

Mutter ist mit uns zufrieden.　母亲对我们很满意。

2）Akkusativpräpositionen（四格介词）。

例：Sie ist stolz auf ihren Erfolg.　她为她的成功感到骄傲。

Wir sind froh über die Nachricht.　我们很高兴听到那则消息。

Man ist über die Größe der Kölner Kirche sehr erstaunt.　人们吃惊于科隆大教堂的

宏伟。

Frau Weber ist sehr ärgerlich über unsere Verspätung. 韦伯太太对我们的迟到很生气。

Übungen

Ü1. 写出下列动词的过去时

kommen, lernen, studieren, gehen, beginnen, besuchen, machen, essen, geben, nehmen, sagen, fehlen, sprechen, vergessen, trinken, warten, steigen, an/rufen, kaufen, ab/nehmen, stellen, werden, haben, sein, besorgen, statt/finden, gehören, an/ziehen, stehen, kennen, bezahlen, leben, liegen, verfügen, fallen, schauen, arbeiten, schimpfen, erscheinen, fliegen

Ü2. 将下列句子变为过去时

(1) Ich lebe in München.
(2) Er will eine Wohnung suchen.
(3) Ihr bleibt nicht zu Hause.
(4) Wir verstehen den Lehrer gut.
(5) Sie stellt den Stuhl in die Ecke.
(6) Die Vorlesung beginnt.
(7) Das Kind isst zu viel.
(8) Wir zeigen den ausländischen Gästen die Universität.
(9) Morgens lesen die Studenten laut.
(10) Sie schlafen in der Nacht sehr schlecht.
(11) Er kommt zu uns.
(12) Sie heißt Helga.
(13) Ihr helft uns beim Studium.
(14) Man darf hier nicht rauchen.
(15) Er schreibt einen Brief an die Zeitung.
(16) Wir haben drei Stunden Deutsch.
(17) Der Zug fährt um 8 Uhr ab.
(18) Warum antwortest du deinen Eltern nicht?
(19) Vater bringt dem Kind ein Geschenk mit.
(20) Es fehlt ihm an Zeit und Geld.

(21) Was kaufst du in der Stadt?
(22) Die Leute singen, tanzen, essen und trinken.
(23) Der Mantel passt mir sehr gut.
(24) Ich gehe zum Mittagessen.
(25) Wann stehst du morgens auf?
(26) Das Buch gehört mir nicht.
(27) Die Fakultät verfügt über viele Bücher.
(28) Alle nennen ihn Karl.

Ü3. 用过去时连词造句

(1) Die Versammlung — um 8:30 Uhr — auf dem Platz — beginnen
(2) Früher — wir — vor dem Schlafen — Apfelsaft — trinken
(3) Im Jahre 1995 — meine Familie — in Shanghai — leben
(4) Abends — er — alle Türen — zumachen
(5) Niemand — um ihn — sich kümmern
(6) Wir — sein Sohn — sehr gut — kennen
(7) Nach dem Essen — Herr Meier — spazierengehen — mögen
(8) Gestern abend — Klaus — nach Beijing —fahren
(9) Der junge Beethoven —bei — der weltberühmte Mozart — Unterricht nehmen
(10) Die Kinder — nicht allein — ins Kino — gehen — dürfen
(11) Wir — zeigen — er — die Fehler
(12) Ich — den Dozenten — ganz gut — verstehen
(13) Ihr — ein Geschenk — für das Kind — kaufen
(14) Der Lehrer — der Schüler — fragen, und der Schüler — der Lehrer — antworten
(15) Er — 12 Jahre — im Ausland — sein
(16) Vorgestern — wir — beim Onkel — bleiben
(17) Ich — Hunger und Durst — haben
(18) Der Passant — mein Freund — um — Hilfe — bitten
(19) Der Gastgeber — ins Zimmer — sofort — gehen —und — Licht — machen
(20) Unser Lehrer — mit uns — nur — deutsch — sprechen

Ü4. 填入动词的过去时

Vor einigen Tagen ________(treffen) ich im Bus eine Griechin(希腊人,女). Sie ________(heißen) Antigoni. Sie ________(kommen) aus Athen und ________(leben) damals in Bremen. Ich ________(unterhalten) mich mit ihr. Sie ________(sprechen) sehr gut Deutsch und ________(erzählen) von ihrem Leben. Fünf Jahre ________(arbeiten) sie in einem Restaurant in Bremen. Dort ________ sie einen Deutschen ________ (kennenlernen), und schließlich ________ (heiraten) sie ihn. Ihr Mann ________ (bekommen) dann eine neue Stelle, und sie ________ (gehen) zusammen nach München. Aber sie ________ (wollen) nicht dort bleiben, sie ________ (haben) keine Arbeit, und es ________ (gefallen) ihr nicht. Später ________ (besuchen) sie Verwandte in Bremen, sie ________ (wollen) dort wieder eine Stelle finden. Es ________ (sein) zu dieser Zeit sehr schwierig. Ich ________ (geben) ihr meine Adresse und ________ (sagen), sie ________ (sollen) mich mal anrufen. Zwei Wochen später ________ sie mich ________ (anrufen). Es ________ (tun)mir leid, aber ich ________ (können) ihr nicht helfen. Dann ________ (hören) ich nichts mehr von ihr. Gestern ________ (sehen) ich ihr Foto in einer Zeitung. Ich ________ (sein) natürlich sehr neugierig(好奇的) und ________ (kaufen) die Zeitung. In der U-Bahn(地铁) ________ (lesen) ich sie dann: "Die Griechin Antigoni Valaitis..."

Ü5. 将下列短文改成过去时

Wir leben in Wasserburg. Gegenüber von uns, in der Parkstraße, wohnt ein Mann. Ich kenne seinen Tageslauf ganz gut. Jeden Morgen räumt er zuerst eine Stunde sein Zimmer auf, dann kauft er einige Sachen ein und kocht. Mittags stellt er das Essen auf den Tisch, holt Getränke und setzt sich. Er braucht meist drei Stunden für das Mittagsessen. Nachmittags sitzt er oft vor dem Haus und malt. Niemand kümmert sich um ihn, aber er interessiert sich sehr für andere Leute. Er grüßt immer freundlich und erzählt uns Kindern viel von seiner Schulzeit. Mir schenkt er manchmal etwas zum Spielen. Ich mag ihn wirklich sehr gern. Abends macht er dann alle Fenster auf und legt sich ins Bett.

Ü6. 完成下列带"zu"的不定式句

(1) Er vergaß ________ (umsteigen).
(2) Es ist wichtig, ________ (Deutsch gut lernen).
(3) Wir sollen Geduld (耐心) haben, ________ (den Kindern den Text erklären).
(4) Wann beginnst du ________ (die Hausaufgaben machen).
(5) Das Kind wünschte, ________ (ein schönes Geschenk bekommen).
(6) Ihr müsst anfangen (开始) ________ (schlafen).
(7) Ich habe keine Lust, ________ (nach dem Essen spazierengehen).
(8) Er hat die Möglichkeit, ________ (nach Deutschland reisen).
(9) Es ist glücklich ________ (studieren können).
(10) Sie bat mich, ________ (ihr beim Tragen des Koffers helfen).
(11) Es ist möglich, ________ (sich in der Straße irren).
(12) Ihr hattet doch Zeit, ________ (zu uns kommen).
(13) Wir hoffen, ________ (uns bald wiedersehen).
(14) Er hat Hoffnung, ________ (seinen Eltern helfen können).
(15) Es gibt die Möglichkeit, ________ (ihn auf der Straße treffen).

(16) Es ist seine Hoffnung, ________ (ins Ausland zum Studium kommen können).
(17) Wir freuen uns, ________ (die Gäste auf dem Bahnhof begrüßen).
(18) Du brauchst nur ________ (früh ins Bett gehen).
(19) Es freut mich, ________ (Sie kennenlernen).
(20) Man braucht sich nicht ________ (um die Zukunft sorgen).

Ü7. 填入介词,并将句子译成汉语

(1) China ist reich ________ Bodenschätzen (地下宝藏).
(2) Der Lehrer ist sehr streng ________ uns.
(3) Sie ist sehr arm ________ Kenntnissen (知识).
(4) Bist du ________ dem Sänger (歌手) bekannt?
(5) Seid ihr ________ der Übersetzung fertig?
(6) Er ist ________ der Arbeit sehr zufrieden.
(7) Darf ich Sie ________ diesen Fehler aufmerksam machen?
(8) Da wurde er bleich ________ Angst.
(9) Der Alte ist sehr böse ________ die Langhaarigen.
(10) Der Student ist unabhängig ________ seinen Eltern.
(11) Mein Vater ist sehr stolz ________ mich.
(12) Er war frei ________ Not und Sorgen (艰难和忧愁).
(13) Mutter ist ________ Unschuld (无罪) ihres Kindes überzeugt (坚信).
(14) Wir sind sehr glücklich ________ deinen Erfolg.
(15) Das Heft ist voll ________ roten Strichen.

Ü8. 将下列汉语译成德语

(1) 1787 年贝多芬(Beethoven)来到维也纳(Wien),他想拜访莫扎特(Mozart)。
(2) 我一年前在西门子(Siemens)公司工作。
(3) 刚才,大街上发生了一起车祸,一辆有轨电车与一辆公共汽车相撞(zusammenstoßen)。
(4) 1989—1993 年我在科隆(Köln)上大学。
(5) 以前(früher),我经常在河里游泳。
(6) 前天,我被汉斯先生邀请去吃晚饭。
(7) 刚才,医生为这位病人做了仔细的检查。
(8) 父母亲对我们要求很严格。
(9) 他为他的祖国感到骄傲。
(10) 能够再次见到您,我非常高兴。
(11) 经常复习语法和课文非常重要。
(12) 朋友们希望立刻出发。
(13) 我很喜欢集邮(Briefmarken sammeln)。
(14) 我没时间同你一道踢足球。
(15) 我们请老师把寓言(die Fabel)再读(vorlesen)一遍。

(16) 你不必把字典带来。

Lesetext

Till als Lastträger

Einmal arbeitete Till Eulenspiegel als Lastträger. Da kam ein Mann zu ihm, der war in der ganzen Stadt als geizig bekannt. Till sollte ihm einen Korb mit teurem Geschirr in die Wohnung tragen. Als Lohn hatte ihm der Mann zehn Pfennig versprochen.

Aber unterwegs meinte der Geizige: "Till, du bist noch jung und kannst noch viele Jahre lang Geld verdienen. Ich zahle dir nur neun Pfennig. " Till Eulenspiegel war einverstanden. Ein paar Straßen weiter wollte der Alte ihm nur noch acht Pfennig zahlen, dann nur noch sieben. "Ein paar Pfennige sind besser als gar nichts," dachte Till Eulenspiegel und trug den Korb weiter.

Nun ging der Alte mit dem Lohn immer weiter herunter, und als sie endlich vor dem Haus angekommen waren, wollte er nur noch einen Pfennig zahlen. Er sagte: "Till, wenn du nicht einmal diesen einen Pfennig willst, dann gebe ich dir drei gute Lehren. " Till sagte nichts, und der Alte sprach weiter: "Wenn man dir sagt, Hunger sei besser als ein voller Magen, so glaube es nicht! Wenn man dir sagt, ein Armer lebe besser als ein Reicher, so glaube es nicht! Und wenn man dir sagt, zu Fuß gehen sei angenehmer als im Wagen fahren, so glaube es nicht! "

Till hatte geduldig zugehört und schleppte dann die schwere Last wortlos die Treppe hinauf. Als er oben war, sagte er: "Hör, Alter, auch ich will dir eine gute Lehre geben. Wenn man dir sagt, in diesem Korb sei nichts zerbrochen, so glaube es nicht! " Und er warf den Korb die Treppe hinunter, so dass die Scherben nach allen Seiten flogen. Und Till Eulenspiegel beeilte sich und machte, dass er wegkam.

(参考译文)

梯 尔 当 脚 夫

有一次梯尔当搬运工。一个男人来找他,此人在全城以吝啬而闻名。他要梯尔给他把一筐贵重的餐具搬到家里去。他答应付给梯尔十个芬尼作为报酬。

可半路上那个吝啬鬼说:“梯尔,你还很年轻,挣钱的日子还多着哪,我只付你九个芬尼。”梯尔同意了。又过了几条街后,那个老家伙只愿意付八个芬尼,然后是七个芬尼了。“几个芬尼总比什么都没有强,”梯尔这样想,并继续搬东西。

这个老家伙将酬金一减再减,当他们最终到了家门前时,他(吝啬鬼)只愿付一个芬尼了。他说道:“梯尔,如果你连这一芬尼也不要的话,我就送你三个好教导。”梯尔什么也没说,老家伙继续说道:“如果有人告诉你,饿肚子比吃饱强,你可别信！如果有人告诉你,穷人比富人过得好,你可别信！如果有人告诉你,步行比乘车舒服,你可别信!”

梯尔耐心地听着,然后默默地拖着很重的东西上台阶。当他上去后,说道:“听着,老头,我也要给你一个好教导。如果有人告诉你,这筐里的东西不会打碎,你可别信!”他将筐子抛下阶梯,结果碎片四处飞射。而梯尔·奥伦施皮格尔却赶紧拔腿溜走了。

第四课

LEKTION 4

Hören : Ein Interview 一次面谈
Die erste Stunde am Goethe-Institut
在歌德学院的第一节课
Text : Lebenslauf von Monika Gärtner
Grammatik : 1.过去分词(第二分词)的构成
2.现在完成时
3.动词不定式名词化
Lesetext : Gabi erzählt ihren Lebenslauf
嘉比介绍个人简历

Hören

Ein Interview 一次面谈

■ Guten Tag, Herr Lieb.
□ Guten Tag.
■ Nehmen Sie doch bitte Platz!
□ Vielen Dank.
■ Ja, Herr Lieb. Sie haben sich auf unsere Stelle als Projektleiter beworben. Ich habe natürlich Ihren Lebenslauf sehr genau gelesen und möchte Ihnen ein paar Fragen dazu stellen.
□ Ja, gerne.
■ Sie schreiben hier, dass Sie von 1980 – 1983 Projektleiter bei Bayer waren. Was haben Sie während dieser Zeit gemacht?

□ Ich habe damals mit einem Team von 4 Diplom – Biologen zusammen an einem neuen Medikament gearbeitet. Aber darüber darf ich natürlich nicht mehr sagen.

■ Ja, klar, Betriebsgeheimnis. Was für ein Medikament war das denn?

□ Ein Medikament gegen Malaria. Wie Sie wissen, waren alle bisherigen Medikamente nicht sehr gut und haben keinen zuverlässigen Schutzgeboten. Unser neues Medikament hat bei Versuchen in Afrika gezeigt, dass es ausgezeichnet wirkt.

■ Ja, ich weiβ schon, welches Medikament Sie meinen. Von 1984 – 1985 waren Sie in den USA?

□ In dieser Zeit habe ich mit Prof. Gallo zusammengearbeitet, der das Aidsvirus entdeckt hat. Es war sehr interessant, mit ihm zusammenzuarbeiten. Dann habe ich noch zwei Jahre in Groβbritannien gearbeitet, auch hier an der Entwicklung eines Malariamedikaments.

■ Ja, Sie sind wahrscheinlich der richtige Mann für uns. Herr Lieb. Sie werden nächste Tage von uns hören.

■ 您好,利普先生。您请坐!

□ 您好!

■ 您请坐!

□ 谢谢!

■ 利普先生,您申请担任项目负责人一职。自然,我已仔细看过了您的简历,对此我想向您提几个问题。

□ 我很愿意(回答)。

■ 您这儿写着,您于1980—1983年在贝耶公司任项目负责人。那么您在此期间做的是什么事情?

□ 当时我与一个由四位大学生物系毕业生组成的小组一起研制一种新药,自然,对此我不能再多说了。

■ 那是当然了,企业秘密嘛。那是种什么药呢?

□ 一种治疟疾的药。您知道,到目前为止,所有(治此病)的药都不是很好,并且没有什么可信的作用。在非洲的试验表明,我们的新药效果极佳。

■ 噢,那我知道您指的是哪种药了。1984—1985年您在美国吗?

□ 那段时间我与加洛教授共事,就是他发现了艾滋病病毒。与他合作很有趣。之后,我还在英国工作了两年,在那儿也是研制治疟疾的药。

■ 好吧,您或许正是我们所需要的人。利普先生,您过几天就可听到我们的通知。

Die erste Stunde am Goethe – Institut 在歌德学院的第一节课

Prof.: Guten Tag, meine Damen und Herren. Ich begrüβe Sie recht herzlich hier am Goethe – Institut in Berlin. Vielleicht stellen wir uns alle mal kurz vor. Ich heiβe Hans Petersen, bin 45 Jahre alt und komme aus Hamburg. Bevor ich hier nach Berlin kam, war ich 5 Jahre am Goethe – Institut in Paris und davor 6 Jahre in Neu –

Delhi. Ja, dann äh, Ladies first.

Studentin 1 : Ich heiße Martine Opango, komme aus dem Kongo, bin 26 Jahre alt und habe 1991 mein Abitur gemacht. Dann habe ich an der Universität in Brazzaville Englisch und Französisch studiert und vor zwei Jahren mit Deutsch angefangen. Ich möchte 1 Jahr hier in Berlin bleiben.

Student 2 : Mein Name ist Juan Videla. Ich komme aus Argentinien und bin 22 Jahre alt. Ich studiere seit 2 Jahren Physik in Cordoba. Ich möchte hier mein Examen machen und dann vielleicht noch promovieren. Ich hoffe, dass ich in vier Jahren mit allem fertig bin. Dann gehe ich zurück nach Argentinien.

Studentin 3 : Ich heiße Xu Xing Fang, bin 32 Jahre alt und komme aus Guangzhou in China. Ich habe in Beijing Elektrotechnik studiert und 6 Jahre in einem großen Stahlwerk bei Shanghai gearbeitet. Dort habe ich 1 Jahr am Tongji – Kolleg Deutsch gelernt. Jetzt möchte ich in Deutschland promovieren. Drei Jahre möchte ich hier bleiben, dann gehe ich wieder nach Shanghai zurück.

教　　授：女士们，先生们，您们好。我衷心地欢迎您们来到柏林歌德学院。或许我们大家该作一下简单的自我介绍。我叫汉斯·彼得森，45岁，来自汉堡。来柏林前，我曾在巴黎的歌德学院呆过5年。而在此之前，我在新德里呆了6年。好，那么，女士先请！

女大学生1：我叫马蒂娜·鸥旁哥，来自刚果，26岁。1991年高中毕业，而后在布拉柴维尔的大学里学习英语和法语。两年前开始学德语。我想在柏林呆一年。

男大学生2：我叫元恩·维德拉，来自阿根廷，今年22岁。我在科尔瓦多学了两年物理。我想在这儿参加考试，之后或许会读博士。我希望在4年内完成一切（计划），然后回阿根廷去。

女大学生3：我叫徐新芳，32岁，来自中国的广州。我曾在北京学过电工学，并在上海的一家大型钢铁厂工作过6年。在上海同济大学培训班里我学过一年时间的德语。现在我想在德国读博士。我要在这儿呆3年，之后回上海去。

Text

Lebenslauf von Monika Gärtner

Monika erzählte von ihrem Leben

Am 17. April 1985 bin ich, Monika Elfriede Gärtner, als einzige Tochter des Steuerberaters Anton Gärtner und seiner Ehefrau Luise, geb. Neumayer, in München geboren. Ich gehöre dem katholischen Bekenntnis an. Vom 6. bis zum 12. Lebensjahr habe ich die Volksschule an der Luisenstraβe besucht; am 1. September 1997 bin ich in die Städtische Mittelschule für Mädchen eingetreten. Ich bin z. Z. Schülerin der Klasse 10 und werde meine Schulbildung voraussicht-lich im Jahr 2001 mit dem Zeugnis der mittleren Reife abschlieβen.

Meine Lieblingsfächer sind Deutsch, Englisch und Buchführung. Ich möchte mich nebenberuflich weiterhin mit dem Studium der englischen Sprache beschäftigen. Ich möchte später das Dolmetscherexamen ablegen.

Monika Gärtner

Lebenslauf

Name:	Monika Elfriede Gärtner
Geburtstag und – ort:	17. April 1985 in München
Glaubensbekenntnis:	katholisch
Eltern:	Steuerberater, Anton Gärtner und Frau Luise, geb. Neumayer
Schulbildung:	1. bis 6. Klasse Volksschule an der Luisenstraβe in München, seit 1. 9. 1997 Städtische Mittelschule für Mädchen in München, voraussichtlicher Schulabschluss im Juli 2001 mit dem Zeugnis der mittleren Reife
Lieblingsfächer:	Deutsch, Englisch, Buchführung
besondere Interessen:	Weiterbeschäftigung mit der englischen Sprache in Abendkursen mit dem Ziel, das Dolmetscherexamen abzulegen

München, den …20…

Monika Gärtner
(Unterschrift)

Vokabeln

der Lebenslauf ¨-e	简历,履历	mittel	普通的,中等的,一般的
der Geburtsort -e	出生地点	die Buchführung	财会,簿记
das Glaubensbekenntnis -se	宗教信仰	der Kurs -e	课程,讲座,培训班
die Eltern (Pl.)	父母	das Ziel -e	目的,目标
katholisch	天主教的	das Examen	考试
der Steuerberater -	税务顾问	der Dolmetscher -	口译人员
die Schulbildung	学校教育	ab/legen *vt*.	作
die Klasse -n	年级,班级	an/gehören *vi*.	属于
die Volksschule -n	国民小学	ein/treten* *vi*.(s)	进入
die Mittelschule -n	中学	das Lieblingsfach ¨-er	最喜欢的专业
das Mädchen -	姑娘,女孩	beruflich	职业的,就业的
voraussichtlich	预期的	weiterhin	继续地
das Zeugnis -se	文凭,证件,证明	die Reife	成熟

Texterläuterungen

1. geb. 即为 geboren,文中意为"娘家姓"。
2. die mittlere Reife 中学毕业
3. Abendkurse 夜校课程
4. Examen ablegen 参加考试
5. z.Z. = zur Zeit 目前,眼下

Grammatik

G1. 过去分词(第二分词)的构成

1) 弱变化动词。

ge+弱变化动词词干+(e)t

fragen — gefragt　　lernen — gelernt

arbeiten — gearbeitet　　öffnen — geöffnet

2）强变化动词。

ge + 强变化动词词干 + en

sprechen — gesprochen　　kommen — gekommen
laufen — gelaufen　　nehmen — genommen

另有少量的强变化动词其过去分词不是以 – en 结尾，而是 – t 结尾。

nennen — genannt　　bringen — gebracht　　denken — gedacht

3）可分动词。

“ge”位于可分前缀和词根之间。

ankommen — angekommen　　mitmachen — mitgemacht
aufstehen — aufgestanden　　kennenlernen — kennengelernt

4）不可分动词。

以 be –，ge –，er –，ent –，ver –，emp – 等为前缀的不可分动词，其过去分词构成不加 ge。

bekommen — bekommen　　empfangen — empfangen
erzählen — erzählt　　gefallen — gefallen

5）以重音 – ieren 结尾的动词，其过去分词构成为词干 + t。

korrigieren — korrigiert　　studieren — studiert
passieren — passiert　　modernisieren — modernisiert

6）本书课文中强变化动词的三个基本形态。

现在时	过去时	完成时
an/rufen	rief an	angerufen (h)
an/ziehen	zog an	angezogen (h)
backen	backte	gebacken (h)
beginnen	begann	begonnen (h)
ein/steigen	stieg ein	eingestiegen (s)
ein/treten	trat ein	eingetreten (s)
essen	aβ	gegessen (h)
fahren	fuhr	gefahren (s)
fallen	fiel	gefallen (s)
finden	fand	gefunden (h)

续表

现在时	过去时	完成时
fliegen	flog	geflogen (s)
geben	gab	gegeben (h)
gehen	ging	gegangen (s)
haben	hatte	gehabt (h)
halten	hielt	gehalten (h)
hängen *vi*.	hing	gehangen (h)
heißen	hieß	geheißen (h)
helfen	half	geholfen (h)
kommen	kam	gekommen (s)
können	konnte	gekonnt (h)
laufen	lief	gelaufen (s)
lesen	las	gelesen (h)
liegen	lag	gelegen (h)
mögen	mochte	gemocht (h)
müssen	musste	gemusst (h)
nehmen	nahm	genommen (h)
scheinen	schien	geschienen (h)
schreiben	schrieb	geschrieben (h)
sehen	sah	gesehen (h)
sprechen	sprach	gesprochen (h)
springen	sprang	gesprungen (s)
stehen	stand	gestanden (h. s)
sterben	starb	gestorben (s)
trinken	trank	getrunken (h)
umgeben	umgab	umgeben (h)
verlassen	verließ	verlassen (h)
wenden	wandte	gewandt (h)
werden	wurde	geworden (s)
wissen	wusste	gewusst (h)

G2. 现在完成时

现在完成时用于对话中，表示已经过去或已经发生的事情，所以现在完成时也被称为对话过去时。

现在完成时是由助动词 haben 或 sein 的现在时变位加独立动词的第二分词构成，在陈述句中，haben 或 sein 随人称变位并置于第二位，而过去分词则位于句末。

lernen	fahren
Ich habe Deutsch gelernt.	Ich bin mit dem Bus gefahren.
Du hast Deutsch gelernt.	Du bist mit dem Bus gefahren.
Er/Sie/Es hat Deutsch gelernt.	Er/Sie/Es ist mit dem Bus gefahren.
Wir haben Deutsch gelernt.	Wir sind mit dem Bus gefahren.
Ihr habt Deutsch gelernt.	Ihr seid mit dem Bus gefahren.
Sie haben Deutsch gelernt.	Sie sind mit dem Bus gefahren.

1）用 haben 作助动词构成完成时的有：

（1）所有的及物动词。

例：Frau Li hat die Studenten unterrichtet.　李老师曾给大学生们上过课。

Er hat einen Brief geschrieben.　他写了一封信。

Wir haben diesen Roman gelesen.　这本小说我们看过了。

（2）不表示位置移动或状态发生变化的不及物动词。

例：Die Arbeiter haben lange gearbeitet.　工人们已干了很久的活。

Es hat mir gut gefallen.　这我非常喜欢(或满意)。

Das Buch hat auf jenem Tisch gelegen.　这本书曾放在那张桌上。

（3）所有的反身动词。

例：Die Bibliothek hat sich sehr weit von hier befunden.　图书馆以往离这儿很远。

Hier hat sich viel geändert.　这儿发生了很大变化。

（4）情态动词。

①情态动词作独立动词时：

例：Wir haben Deutsch gekonnt.　我们曾经会德语。

Er hat in die Stadt gewollt.　他本想上街去。

Das habe ich nicht gedurft.　这我不能做。

②情态动词作情态助动词时：

例：Der Kranke hat im Bett liegen müssen.　病人当时不得不躺在床上。

Klaus hat nicht ins Kino gehen dürfen.　克劳斯当时不能去看电影。

Man hat etwas früher aufstehen sollen.　我们本应早些起床。

2）用 sein 作助动词构成现在完成时的有：

（1）表示位置移动或状态变化的不及物动词。

例：Der Lehrer ist zur Uni gefahren.　老师去了大学。

Die Delegation ist schon angekommen.　代表团已到达。

Die Aufführung ist gelungnen.　演出获得了成功。

（2）sein，bleiben 和 werden。

例：Der Junge ist Soldat geworden.　那位小伙子成了士兵。

Ich bin einmal in Deutschland gewesen.　我曾经去过一次德国。

In den Sommerferien sind wir beim Onkel geblieben. 暑假我们呆在叔叔那儿。

G3. 动词不定式名词化

德语中所有动词其不定式均可名词化，名词化的动词不定式大多为中性且没有复数形式。如：essen→das Essen（吃的东西），schreiben→das Schreiben（写，信函），arbeiten→die Arbeiten（干活，工作），leben→das Leben（生活，生命）等等。

Übungen

Ü1. 写出下列弱变化动词的过去分词形式

lernen, studieren, besuchen, machen, sagen, spielen, passen, kaufen, fühlen, warten, stellen, fragen, gehören, besorgen, schauen, sich bemühen, bezahlen, verfügen, leben, sichern, bewegen, lachen, schimpfen

Ü2. 写出下列强变化动词的过去分词形式

kennen, ein/treten, halten, nehmen, finden, fahren, kommen, gehen, trinken, vergessen, sprechen, fehlen, geben, beginnen, gefallen, erscheinen, springen, rufen, stehen, an/ziehen, liegen

Ü3. 将下列句子的时态变为现在完成时

(1) Klaus übersetzt das Buch vom Deutschen ins Englische.
(2) Nach dem Unterricht spielte ich mit dem Freund Federball(羽毛球).
(3) Wir freuen uns sehr über unser Wiedersehen.
(4) Im Jahre 1988 war er Student.
(5) Der Lehrer soll uns die Fehler in der Hausaufgaben zeigen.
(6) Vater ärgert sich sehr über meine Verspätung.
(7) Er trinkt Tee.
(8) Eine Straßenbahn stößt mit einem Bus zusammen.
(9) Ich antwortete dem Lehrer richtig.
(10) Er gibt mir das Buch zurück.
(11) Auf der Straße traf ich meine Freundin.
(12) Wir haben im Klassenzimmer eine Sitzung.
(13) Wem danken Sie dafür?

(14) Er spang sofort ins Wasser.

Ü4. 填入所给动词的过去分词形式

Partner 1: Herr Klaus, haben Sie es schon ________(hören)? Frau Lehmann hat sich von ihrem Mann ________(trennen)!

Partner 2: Wirklich? Na ja, er hat in der letzten Zeit immer so viel ________(trinken).

P.1: Ja, sie hat oft mit ihm darüber ________(sprechen).
Aber es hat nichts ________(helfen).
Übrigens: Haben Sie ihren Freund ________(sehen)?

P.2: Hat sie einen Freund?
Das habe ich nicht ________(wissen).

P.1: Ja, sie ist schon oft mit ihm ________(ausgehen).

P.2: Die Kinder tun mir leid! Schon seit einiger Zeit hat sich niemand um sie ________(kümmern).

Ü5. 用现在完成时填空

Sehr geehrter Herr Kramer,

Im Oktober ________ ich hier ________(ankommen). Ich ________ lang keine Arbeit ________(finden). Aber vor drei Wochen ________ ich Ihren Brief ________(erhalten) und mich sehr darüber ________(freuen). Ihr Schreiben ________ mir wirklich ________(helfen): ich ________ die Stelle bei Bosch ________(bekommen). Zuerst ________ ich mich sehr allein ________(fühlen), aber das ________ sich bald ________(ändern). Die Kollegen ________ mich zu Ausflügen ________(einladen), und so ________ ich schon viel ________(sehen). Wir ________ sogar schon nach Heidelberg ________(fahren). Diese Stadt ________ mir sehr gut ________(gefallen). Die Firma ________ sich auch um eine Wohnung ________(kümmern). Anfangs ________ ich in einem Hotel ________(sein), aber ich ________ nicht lange dort ________(bleiben). Jetzt habe ich eine Wohnung, und ich ________ mich an das Leben hier ________(gewöhnen). Übrigens: Herr Fischer ist nicht mehr in Stuttgart, er ________ nach München ________(umziehen). ________ Sie das schon ________(wissen)? Er ________ mir übrigens mal ________(sagen), ich soll Sie herzlich grüßen! Ich ________ Ihnen jetzt einiges ________(erzählen), hoffentlich ________ es Sie ________(interessieren)!

Vielen Dank für Ihre Hilfe!

Mit freundlichen Grüßen

Ihr
Herbert Stiegler

Ü6. 用所给的词回答问题

Was haben sie vorgestern gemacht?

(1) ein Roman — lesen

(2) in — das Bett — liegen

(3) mit — ein Nachbar — sich unterhalten

(4) meine Eltern — der Park — zeigen

(5) bei — ein Freund — sein

(6) mit — die Schwester — ins Kino — gehen

(7) die Groβmutter — besuchen

(8) das Kind — bei — das Lernen — helfen

(9) den ganzen Tag — vor — der Fernseher — sitzen

(10) mit — er — Federball — spielen

(11) in — die Stadt — ein/kaufen

(12) zu — das Stadtzentrum — fahren

(13) zu —das Haus — bleiben

(14) auf — der Sportplatz — spazieren/gehen

(15) der Vater — etwas über Deutschland — erzählen

(16) einige Briefe — an Verwandte — schreiben

(17) schöne Bilder — an — die Wand — hängen

(18) deutsche Texte — in — das Chinesische — übersetzen

(19) bei — Wettkämpfe — zu/sehen

(20) zu — eine Ausstellung — kommen

Ü7. 将下列的句子译成汉语

(1) Man braucht die Augen zum Sehen.

(2) Beim Putzen (擦) des Fensters verletzte sich der Schüler.

(3) Ich hoffe auf das Gelingen (成功) meiner Pläne.

(4) Man kann die Maschinen zum Erhöhen der Produktion verwenden.

(5) Die Bücher sind gut zum Lesen.

(6) Die Kreide (粉笔) können zum Schreiben und Zeichnen verwendet werden.

(7) Der Kellner (侍者) bringt uns sofort das Essen.

(8) Schnelles Fahren führt zur Lebensgefahr.

(9) Das Kochen (烧) kostet zu viel Zeit.

(10) Seine Gesundheit kommt von zu vielem Trinken und Rauchen.

Ü8. 将下列句子译成德语

(1) —昨天晚上你去哪儿了?
— 我去拜访一位朋友了。

(2) 刚才彼得将房间打扫了一下。

(3) 上个星期天我去看电影了。

(4) 我吃完饭,付过钱,就离开了那家餐馆。

(5) —你为什么来迟了?
— 我在路上遇到了一个熟人。

(6) 我刚才在米勒先生那儿,我们聊了会音乐。

(7) 几天前我收到你的来信,对此我感到很高兴。

(8) 以前我对数学很感兴趣,但现在忘掉了很多。

(9) — 你为什么还没睡着?
—我刚刚在考虑(über etwas nach/denken)那个问题。

(10) 下星期四考试,我已为此做好了准备。

(11) — 你今天上午干什么了?
— 我和汉斯一起在运动场上(Sportplatz)踢足球。

(12) 收到妈妈的包裹,你高兴吗?

Ü9. 用德语写一篇个人简历

Lesetext

Gabi erzählt ihren Lebenslauf

Ja, also ich bin 22 Jahre alt, 1978 in Hannover geboren. 1984 bin ich dort in die Volksschule gekommen. Und die habe ich dann aber nach der 4. Klasse schon wieder verlassen und bin nach Berlin gezogen. Dann habe ich dort 1994 die 10. Klasse abgeschlossen. Und da ich mich von jeher fürs Fotographieren interessiert habe, habe ich mir in den Kopf gesetzt, eben Fotographin zu werden. Und ich hatte so als 10jähriges Kind ungefähr von meinem Vater einen Fotoapparat geschenkt bekommen und habe überall, wo ich war, eine Menge Fotos gemacht. Und so habe ich mich dann als Fotolehrling in einem Fotoatelier beworben. Dort habe ich dann eine Menge Aufnahmen gemacht, aber das hat mir alles nicht so gut gefallen, weil ich nebenbei die Fachschule auch besuchen musste, die ich dann im 18. Lebensjahr verließ. Dann wollte ich auf keinen Fall sofort anfangen zu arbeiten, sondern bin erst mal ein bisschen rumgereist in Europa, war in England und in Frankreich und habe dort Modeaufnahmen gemacht, weil ich mich auf die Mode spezialisieren wollte, und bin so nach einem Jahr hier wieder nach Berlin zurückgekommen und bin dort ins Fotoatelier Sennekamp gegangen, wo ich dann weiter Modeaufnahmen gemacht habe. Und mein größter Wunsch ist natürlich, selbständig zu werden, und ich hoffe, dass ich das vielleicht in ein, zwei Jahren erreicht haben werde.

(参考译文)

嘉比介绍个人简历

我今年 22 岁,1978 年生于汉诺威。1984 年在汉诺威上国民小学。4 年级后我离开了那所学校,迁到了柏林。之后在这儿我于 1994 年念完了 10 年级。由于从那以后我对摄影产生了兴趣,我脑子里就产生了当摄影师的念头。大约在我 10 岁时,我父亲送给我一部照相机,在我所到之处,我拍了大量的照片。因此之后我申请到一家摄影工作室当摄影学徒,在那儿我拍了许多照片。但这一切我并不满意,因为我同时还在上专科学校,我到 18 岁时才离开那所学校。离开之后,我根本不想马上开始工作,而是在欧洲到处转转。我去了英国、法国,在那儿拍了时装照片,因为我想专攻时装。这样,一年后我又回到了柏林。我进了柾林塞内卡普摄影工作室,在那儿我继续拍时装照片。我最大的愿望自然是自主独立,并且我希望,或许会在一两年内实现这一愿望。

LEKTION 5 第五课

Hören：Ein Gespräch über die Umwelt
一次有关环境的谈话
Die Luftreinhaltung　保持空气清洁

Text：Die Städte gehen kaputt

Grammatik：1. 被动态
2. 分词
3. 代副词

Lesetext：Drei Zeitungsmeldungen zum Thema “Umweltschutz”
三篇主题为“环保”的报道

Hören

Ein Gespräch über die Umwelt　一次有关环境的谈话

Fritz Teufel （*Umweltschützer*），*Hans Landwogt* （*Techniker*）. *Sie fahren mit dem Fahrrad an der BASF vorbei*.

■ Also das stinkt ja nicht schlecht hier.
Schau dir mal die Schornsteine an. Was die alles in die Luft blasen.

□ Ja，das ist der Preis des Fortschritts.

■ Der Preis ist zu hoch. Schau mal，da leben doch Leute in der Nähe. Die müssen Tag und Nacht diesen Dreck einatmen.

□ Ah, so schlimm ist das bestimmt nicht.

Da gibt's doch Kontrollen. Die haben doch Messgeräte. Die achten schon drauf, dass die Bevölkerung nichts abkriegt.

■ Sag mal, glaubst du das wirklich, was du da sagst? Du kannst doch mit deinen eigenen Augen sehen, was die hier machen. Mit deiner Nase kannst du das riechen. Und wenn man hier tief Luft holt, muss man ja husten. Und das findest du normal oder ...

□ Na ja, schön ist das nicht. Aber es geht halt nun mal nicht anders. Wir brauchen doch die Fabriken. Man kann doch den Fortschritt nicht aufhalten.

■ Aber man sollte eine menschenfreundliche Technik entwickeln. Man muss die Produktion umgestalten und verbieten, was die Gesundheit bedroht.

□ Aber wenn das jemand macht, dann sind die Umweltschützer auch nicht zufrieden. Ich denke da zum Beispiel an die Kernenergie. Sie spart im Gegensatz zu anderen Energieformen sehr viel CO_2 und entlastet so die Umwelt.

■ Ich denke aber das Nachteile die Vorteile überwiegen. Die Atomenergie ist eine sehr gefährliche Technik.

□ Aber die Kernkraftwerke werden sehr genau überwacht. Da kann nichts passieren.

■ Du bist aber naiv. Die Technik ist immer nur so gut, wie der Mensch, der sie bedient. Und Menschen machen eben Fehler. Diese Fehler sind im Fall der Atomenergie besonders gefährlich.

□ Wer ist naiv? Glaubst du, dass der Strom aus der Steckdose kommt. Die Energie muss schließlich irgendwo produziert werden.

■ Sei mal ehrlich. Möchtest du neben einem Atomkraftwerk wohnen?

□ Nein, das sollen die lieber woanders hinbauen.

弗里茨·托伊富(环境保护者)和汉斯·郎沃特(技术员),他们骑车路过 BASF 公司(巴斯夫化学联合企业)。

■ 哼,这儿臭得够可以了。你看看这些烟囱,把什么都排到空气中去了。

□ 是啊,这就是先进发达的代价。

■ 这代价太高了。你瞧瞧,附近就住着人,无论白天还是黑夜他们不得不吸进这种污浊的空气。

□ 这么严重肯定还不至于吧,是有检测的。他们有检测仪器,注意不让居民受到污染。

■ 你说说看,你真的相信你刚才所说的话吗?你用你的两只眼睛就可以看到那帮人在这儿干些什么,用鼻子你也可以闻得出来。谁要是深吸一口气,就得咳嗽。你认为这是正常的还是……

□ 好吧。这当然是算不上正常,可这也是别无它路。我们需要这些工厂,总不能停止不前吧。这是不行的。

■ 可是,我们应该发展有益于人类的技术和调整工业生产,必须禁止那些威胁健康的东西。

□ 可是,即使人们这样做了,恐怕环保工作者还是不满意。由此我想起了核电方面的例子,与别的能源相比,核电减少了许多 CO_2,减轻了环境污染。

■ 可我却认为核能的缺点大于优点,核能是一项很危险的技术。
□ 人们对核电站的运行进行严格监控,这不会发生任何意外的。
■ 你可是太天真了。人们所使用的核电技术一直很好。即使这样,人们还是同样犯错误。这种核能泄露事件可就特别危险了。
□ 谁天真? 你以为这种电流是从插座中出来的吗?! 电毕竟是要在某个特定的地方生产的。
■ 老实说,你愿意住在核电站附近吗?
□ 不,还是把核电站建在别处为好。

Die Luftreinhaltung 保持空气清洁

Wie in anderen Industrieländern wird die Luft in Deutschland von Schadstoffen belastet, die vor allem aus dem Betrieb von Industrie und Gewerbe, aus dem Straßenverkehr, Heizungen und Kraftwerken stammen. Die Umweltbelastung zeigt sich besonders deutlich an den Waldschäden und am Sommersmog. 1995 waren 61 Prozent der Bäume schwach bis deutlich geschädigt, lediglich 39 Prozent galten als gesund. Die menschliche Gesundheit, Böden und Gewässer, Gebäude und Kunstdenkmäler müssen deshalb vor weiteren Belastungen durch verunreinigte Luft geschützt werden.

Gegen die Luftverschmutzung wurde ein umfassendes Programm entwickelt. Luftverunreinigungen werden schon an der Quelle erfasst und drastisch abgebaut. So werden zum Beispiel die Schadstoffe, die aus Kraft- und Fernheizwerken sowie mit Autoabgasen in die Luft gelangen, durch Filter bzw. Katalysatoren zum großen Teil reduziert. Maßnahmen wie die "Großfeuerungsanlagenverordnung" und die "Technische Anleitung zur Reinhaltung der Luft" zwangen Kraftwerksbetreiber und Industrie zu einer raschen Umrüstung ihrer Anlagen auf den neuesten Stand der Technik.

和其他工业国一样,德国的空气也受到有害物质的污染。这些有害物质主要来自工业和手工企业、交通、供暖以及发电站。对环境的影响特别明显地表现在森林受损和夏季城市上空的烟雾方面。1995 年轻度至明显受损的树木大约占 61%,仅有 39% 可算作是健康的。因此,必须保护人体健康、土地、水域、建筑物以及珍贵文物,使之不再继续受空气污染的侵袭。

针对空气污染问题已制定了一个全面的计划。一出现空气污染现象即可找到根源并雷厉风行地将其消除。例如来自发电站和远距离供热站以及随汽车废气进入空气的有害物质大部分被过滤器或催化器所吸收。"大型燃烧设备规定"以及"空气净化技术指南"等措施促使发电站经营者和工业界迅速改装其设备,使之达到最新技术水准。

Text

Die Städte gehen kaputt

Menschen werden gejagt, vertrieben oder vor ihrer Haustür getötet. Die Katastrophe geschieht nicht irgendwo, sondern in den Städten: in München, Frankfurt, Berlin, Hannover oder Hamburg. Die Katastrophe kommt nicht erst morgen, sie ist längst da.

Die Städte sind zum Problem geworden:

—Die Luft ist vergiftet. Es sterben Pflanzen und Tiere. Die Menschen werden krank.

—Der Lärm erzeugt Herzleiden, erhöht den Blutdruck und erzeugt Magengeschwüre.

—Die Autos haben sich zu Herren über die Menschen gemacht. Sie verletzen Fußgänger, Radfahrer und Kinder oder töten sie.

—Wohnungen werden abgerissen. Aber es werden nur neue Banken, Büros und Kaufhäuser gebaut.

Die Menschen werden aus den Städten vertrieben. In Trabantenstädten leben Arme und Reiche, Junge und Alte, voneinander getrennt. Das müssen wir verhindern.

Die neuen Städte müssen menschenfreundlicher werden: mit Wohnungen, Schulen und Kindergärten, mit Geschäften und Altenheimen. Das müssen wir verlangen. Wir wollen dort Kinos und Cafés, Theater und Biergärten und den Milchladen an der Ecke. Sonst wird unsere Gesellschaft zerstört, und unsere Städte sterben.

Vokabeln

jagen *vt.*	驱赶;打猎	das Café –s	咖啡馆
töten *vt.*	杀死,致……死	das Bier –e	啤酒
irgendwo	在任何(一个)地方	die Ecke –n	角落,拐角
das Tier –e	动物	die Gesellschaft –en	社会
erzeugen *vt.*	产生,生产	operieren *vt.*	开刀,动手术
erhöhen *vt.*	提高	an/fahren* *vt.*	(车子)撞倒
das Geschwür –e	溃疡	entlassen* *vt.*	允许离去;开除
verletzen *vt.*	损伤,致伤	vertreiben* *vt.*	驱逐,赶走
der Radfahrer –	骑自行车者	die Luft	空气

bauen *vt*.	建造	die Katastrophe –n	灾害
arm	贫困的	das Problem –e	问题
verhindern *vt*.	防止	vergiften *vt*.	毒化
der Kindergarten ¨	幼儿园	die Pflanze –n	植物
das Altenheim –e	敬老院(养老院)	der Lärm	噪声,喧哗
das Herzleiden	心脏病	menschenfreundlich	仁爱的,乐善好施的
der Blutdruck	血压	verlangen *vt*.	要求
der Magen	胃	der Milchladen ¨	牛奶店
die Bank –en	银行	zerstören *vt*.	毁坏
die Trabantenstadt ¨e	卫星城	neulich	新近
reich	富裕的	inzwischen	在这同时,此间
voneinander	彼此,互相		

Texterläuterungen

1. Sie ist längst da.　它(灾害)早就有了。
2. Die Autos haben sich zu Herren über die Menschen gemacht.　汽车支配了人。
3. In Trabantenstädten leben auch Arme und Reiche, voneinander getrennt.　在卫星城里,穷人和富人也是分开居住的。
4. Wir wollen dort den Milchladen an der Ecke.　我们愿意在街道拐角处有个牛奶铺。
5. Da kann er aber von Glück sagen.　他总算走运。
6. Aber er konnte inzwischen schon wieder entlassen werden.　此刻他可能已出院了。

Grammatik

G1. 被动态

德语有主动态和被动态两种表述行为的方式。主动态和被动态的主语分别是动作的主体和动作的承受者。以往我们所接触的句子都是主动态。本课将介绍被动态。

1) 被动态的构成。

助动词 werden＋过去分词

其中助动词 werden 要按人称进行变位,过去分词位于句末,被动态也有时态之分。下面分别加以介绍。

(1) 被动态现在时。

werden 现在时 + 过去分词

例:Er wird von mir angerufen. 我给他打电话。

Sie wird vom Lehrer gefragt. 她被老师提问。

Die Fenster werden von uns geöffnet. 窗子被我们打开。

(2) 被动态过去时。

werden 过去时 + 过去分词

例:Er wurde von mir angerufen. 我曾给他打过电话。

Sie wurde vom Lehrer gefragt. 老师曾问过她。

Die Fenster wurden von uns geöffnet. 我们曾打开过窗户。

(3) 被动态现在完成时。

sein 现在时 + 过去分词 + worden

例:Er ist von mir angerufen worden. 我给他打过电话。

Sie ist vom Lehrer gefragt worden. 老师问过她。

Die Fenster sind von uns geöffnet worden. 我们打开了窗户。

(4) 带情态助动词的被动态。

情态动词 + 过去分词 + werden

例:Er soll von mir angerufen werden. 我应该给他打电话。

Sie kann vom Lehrer gefragt werden. 她可能要被老师提问。

Die Fenster dürfen von uns geöffnet werden. 我们可以打开窗子。

【注】以上例句均为现在时,其过去时只需将情态动词改为过去时即可。

2) 主动态与被动态的转换。

通常将主动态句子中的四格宾语转换成被动态中的一格主语,主动态中的主语变成了被动态中的介词(即 von 或 durch)的宾语。如果原来主语为不定代词 man,在被动态中则被省略。主动态中的三格宾语及其他状语在被动态句中则一律不变。

主动态:Der Student gibt mir das Buch zurück. 那位大学生把书还给我。

被动态:Das Buch wird mir vom Studenten zurückgegeben. 书由那位大学生还给我。

例:Der Lehrer hat uns das neue Wörterbuch empfohlen. →Das neue Wörterbuch ist uns vom Lehrer empfohlen worden. 老师向我们推荐这本字典。

Man bezahlte das Essen schon. →Das Essen wurde schon bezahlt. 有人付过饭菜的钱了。

Die Schüler müssen die Fehler in den Hausaufgaben verbessern. →Die Fehler in den Hausaufgaben müssen verbessert werden. 作业中的错误必须得到纠正。

3) 无人称被动态。

德语中有部分不及物动词可构成"无人称被动态"。无人称被动态句子可用 es 作形式主语，但须位于句首，否则省略不用。

例：Man darf im Krankenhaus nicht rauchen. →Es darf im Krankenhaus nicht geraucht werden (或 Im Krankenhaus darf nicht geraucht werden). 医院里不许抽烟。

Die Leiter sprechen auf der Versammlung über die Umweltverschmutzung. →Es wird auf der Versammlung von den Leitern über die Umweltverschmutzung gesprochen. 会上领导们谈论了环境污染的问题。

Der Student hat mir viel geholfen. →Mir ist von dem Studenten viel geholfen worden. 我常得到那位大学生的帮助。

4）情状被动态。

被动态着重表示动作过程的发生，而情状被动态则是表述动作、过程完成之后所产生的情况或结果，其构成为：

sein + 过去分词

例：Das Geschäft ist geschlossen. 商店关门了。

Das Kind ist geboren. 孩子出生了。

Das Essen war schon bezahlt. 饭钱已付过了。

【注】情状被动态通常只用现在时和过去时两种时态。

G2. 分词

分词分为现在分词(即第一分词)和过去分词(即第二分词)两种。

1）现在分词的构成、意义及用法。

现在分词是由动词的不定式形式 + d 构成的，比如，lesen 的第一分词即为 lesend，machen 即为 machend。第一分词一般具有主动和正在进行的意义，它可以作定语、表语和状语。作定语和状语的第一分词应理解为与句中的谓语行为同时发生。

(1) 作定语。

例：das spielende Kind→das Kind spielt (如发生在过去则为 das Kind spielte) 正在玩耍的孩子

Wir hatten das spielende Kind gern (das Kind spielte). 我们很喜欢那个正在玩耍的孩子。

Er sieht dem spielenden Kind zu. 他在旁边看着那个小孩玩耍。

【注】作定语的第一分词与形容词一样变格。

(2) 作表语。

例：Der Ausgang ist unbefriedigend. 结局不令人满意。

Der Roman ist sehr spannend. 这部小说非常惊险。

Die Arbeit ist sehr anstrengend. 这活很累人。

(3) 作状语。

例：Er sah liegend fern (Er sah fern und lag). 他躺着看电视。

Der Ausländer spricht sehr fließend Deutsch.　那个外国人德语说得很流利。

Ich erreichte schwimmend das Ufer.　我游到岸边。

2) 过去分词的用法。

(1) 过去分词作谓语的一部分。

①与 haben 或 sein 一起构成完成时态。

例:Wir haben das schon gewusst.　我们已知道此事。

Die Delegation ist gekommen.　代表团已来了。

Die Aufführung ist gelungen.　演出获得了成功。

②与 werden 或 sein 一起构成被动态。

例:Das alte Hochhaus wird abgerissen.　那幢旧高层建筑正在拆除。

Der Wagen ist repariert worden.　车已修好。

Die Bücher sind bezahlt.　这些书已付过款了。

(2) 过去分词作形容词使用。

①作定语。及物动词的过去分词作定语具有被动和完成的意义。

例:Das geöffnete Fenster (das Fenster ist geöffnet worden) muss man schließen.　那扇开着的窗子必须关上。

Ich habe das geliehene Geld (Das Geld ist geliehen worden) zurückgegeben.　借的钱我已还了。

作定语的第二分词与形容词同样变格。

用 sein 作助词动构成完成时的、动作是有止境或已完成的不及物动词,其第二分词作定语具有主动完成的意义。

例:Wir sahen uns eine gelungene Aufführung (die Aufführung ist gelungen) an.　我们看了一场成功的演出。

Man erinnert sich an die vergangene Zeit (die Zeit ist vergangen).　人们常怀念过去的时光。

用 haben 作助动词构成完成时的不及物动词、反身动词及无人称动词(如 regnen, schneien 等)的过去分词不可以作定语。

②作表语。

例:Es ist mir schon bekannt.　我已知道此事。

Die Tür bleibt geschlossen.　门一直关着。

③作状语。

例:Kurt öffnet aufgeregt die Tür.　库尔特紧张不安地打开门。

Der Schüler kehrte enttäuscht von der Schule heim.　那学生失望地从学校回到家里。

Das Kind hat das Buch geschenkt bekommen.　孩子得到了赠书。

跟形容词一样,第一分词和第二分词均可名词化,名词化的分词与形容词一样变格。

例:der Verhaftete　　　　die Rettenden

des Verhafteten	被捕者	der Rettenden	抢救的人们
dem Verhafteten		der Rettenden	
den Verhafteten		die Rettenden	

G3. 代副词

1) 构成。

代副词是具有代词形式的复合副词,其构成为疑问词 wo(r)或副词 da(r)加上介词。

	da(r)+介词	wo(r)+介词
介词	指示代副词	疑问代副词
in	darin	worin
an	daran	woran
auf	darauf	worauf
bei	dabei	wobei
für	dafür	wofür
nach	danach	wonach
von	davon	wovon
mit	damit	womit
durch	dadurch	wodurch
zu	dazu	wozu
aus	daraus	woraus

【注】以元音开始的介词在 da 或 wo 与介词之间需加上“r”,其他情况下“r”不要加。

2) 用法。

指示代副词作指示代词用,疑问代副词作疑问词用。两者都只能指物。

例:—Womit schreibst du?　你用什么来写呢?

—Hier ist ein Kugelschreiber. Damit schreibe ich.　这儿有一支圆珠笔,我就用它来写。

—In der Ecke ist ein Tisch. Legen Sie das Buch bitte darauf!　角落里有一张桌子,请您把这本书放到那上面去。

—Wofür dankt er Ihnen?　他为何事而感谢您?

—Ich habe ihm geholfen. Dafür dankt er mir.　我给他帮了忙,为此他感谢我。

有些介词既可接人又可接物,用法不同,不可混淆。

例:Sie wartete auf die Post.　她在等邮件。

提问 die Post 只可用代副词。

例:Worauf wartete sie?　她在等什么?

Sie wartete auf Herrn Klaus.　她在等克劳斯先生。

如提问 Herrn Klaus,则必须用介词+疑问代词 wer。wer 格的形式取决于前面的介词所支配的格。

例:Auf wen wartete sie?　她在等谁?

Übungen

Ü1. 用所给的词填入现在时及过去时被动态

(1) Die Gäste ________ freundlich ________(begrüßen).
(2) Die Studenten ________ gestern von der Universitätsleitung ________(auszeichnen).
(3) Ich ________ von ihm ________(anrufen) worden.
(4) Die Temperatur ________ von der Krankenschwester ________(messen).
(5) Die meisten Produkte ________ vor einigen Tagen ________(exportieren).
(6) Von wem ________ wir ________(bezahlen)?
(7) Die Studenten ________ auf der Straße ________(treffen).
(8) Wir ________ zum Theaterbesuch ________(einladen) worden.
(9) Die Reisegesellschaft ________ von einem Reiseführer ________(begleiten).
(10) Hier ________ solche Maschinen ________(herstellen).
(11) Die Übungen ________ von den Studenten ________(machen) worden.
(12) Die Bananen ________ von den Kindern ________(essen).
(13) Der folgende Text ________ von Ihnen ________(lesen).
(14) Der Kranke ________ eben vom Arzt ________(röntgen) worden.
(15) Wasser ________ täglich von den Studenten ________(holen).
(16) Ich ________ im Unterricht vom Lehrer ________(fragen) worden.
(17) Das Geschäft ________ um 8 Uhr vom Besitzer ________(öffnen).
(18) Die Häuser ________ im letzten Jahr ________(abreißen) worden.
(19) Das Klassenzimmer ________ von uns ________(aufräumen) werden.
(20) Die Freunde ________ von ihr ________(aufwecken) worden.

Ü2. 将下列句子变为被动态

(1) Man hat die Bananen gegessen.
(2) Hans empfahl mir diesen Roman.
(3) Der Arzt schreibt dem Kranken ein Rezept(处方).
(4) Meine Eltern nahmen mich ins Kino mit.
(5) Man bearbeitet in der Fabrik diese Teile(零件) und baut sie zusammen.
(6) Die Studenten können die Aussprache noch einmal üben.
(7) Der Schüler hat die Hausaufgaben beendet.

(8) Man hat immer die Abwässer (污水) in Flüsse geleitet(排、倒).
(9) Meine Kinder machten die Wohnung schon sauber.
(10) Man darf einen solchen Film zeigen.
(11) Auf der Versammlung wird man dieses Problem diskutieren.
(12) Meine Eltern wollen dort einen Zigarettenladen eröffnen(开设).
(13) Der Lärm wird den Blutdruck des Menschen erhöhen.
(14) Man spricht überall über die Umweltverschmutzung und den Umweltschutz.
(15) An allen Hochschulen lernte man Fremdsprachen.
(16) Ihr habt das Buch ins Chinesische übersetzt.
(17) Man kann die Wäsche(待洗的衣物) zur Wäscherei (洗衣店) bringen.
(18) Mutter erzählte uns viel von ihrer Kindheit(童年).
(19) Hier darf man nicht rauchen.
(20) Die Studenten werden den Dozenten besuchen.

Ü3. 将下列句子变为主动态

(1) Die Menschen werden von den Autos gejagt.
(2) Wohin wurde er gebracht?
(3) Die Äpfel können am besten im Herbst gepflückt werden.
(4) Wir sind von ihm gut verstanden worden.
(5) Mir wird eine Geschichte von meinem Vater erzählt werden.
(6) In diesem Kaufhaus dürfen die Waren umgetauscht(换) werden.
(7) Es wird in Deutschland viel Bier getrunken.
(8) Vieles ist hier verändert worden.
(9) Es wird dem alten Mann geholfen.
(10) Wichtige Fragen wurden in der Sitzung diskutiert.

Ü4. 用现在时和过去时造状态被动句

das Problem	—lösen	das Essen	— bezahlen
die Gäste	—einladen	die Arbeit	— erledigen
die Luft	— vergiften	das Haus	— ab/reisen
die Stadt	— zerstören	die Prüfung	— vorbereiten
das Rauchen	— verbieten	die Temperatur	— messen

Ü5. 将下列句子译成汉语

(1) Viele Verwandte von mir leben im Ausland.
(2) Niemand kennt diese Schwerverletzte.
(3) Helft den Hungernden in der Welt!

(4) Sie sollen freundlich die Besuchenden empfangen.
(5) Der Gerettete war lange ohne Bewußtsein(知觉).
(6) Ein alter Gelehrter aus Beijing besuchte unsere Universität.
(7) Die Bahnangestellten begrüßen nun die Fahrgäste auf dem Bahnhof.
(8) Der Zollbeamte(海关官员) hat die Pässe der Reisenden kontrolliert.
(9) Die Leiche(尸体) der Ertrunkenen(溺水者) wurde erst im Oktober im Wasser gefunden.
(10) Die Wartenden sitzen im Vorzimmer.
(11) Heute abend werde ich mit einem Verwandten ins Kino gehen.
(12) Ein Bekannter von mir hat einen Roman geschrieben.
(13) Die Fragenden sind mir seit vielen Jahren bekannt.
(14) Die Angekommenen sind da.
(15) Die Verunglückte(遇难者) wurde ins Krankenhaus gebracht.
(16) Er hat mir diese Frage wiederholt gestellt.
(17) Aufgeregt öffnete der Kandidat die Tür.
(18) Man wird die Aufgaben bestimmt erfüllen.
(19) Er sieht mich lächelnd an.
(20) Die Kinder spielten schreiend auf der Straße.
(21) Angestrengt dachte er über die gestellte Frage nach.
(22) Wir sind über die schnelle Entwicklung des Vaterlandes erstaunt.
(23) Die Zuschauer klatschen begeistert Beifall(鼓掌).
(24) Seit wann leben sie getrennt?
(25) Sie stand erzählend am Fenster.

Ü6. 用所给动词的第一或第二分词的正确形式填空

(1) Ich habe den ________(schreiben) Brief in den nächsten Briefkasten geworfen.
(2) Die ________(singen) Kinder gehen durch die Straßen.
(3) Das Kind kam ________(weinen) nach Hause.
(4) Der Alte saß ________(lesen) am Fenster.
(5) Die Studenten wiederholten die ________(lernen) Lektionen.
(6) Er hat die Jacke ________(schenken) bekommen.
(7) Die Polizisten brachten die ________(verhaften) zum Polizeiamt(警察局).
(8) Sie antworteten mir ________(lachen) auf die Frage.
(9) Er sah sie ________(erschrecken) an.
(10) Man hat die ________(bestellen) Karte noch nicht abgeholt.
(11) Der ________(kochen) Fisch ist auf dem Tisch.
(12) Der um 6 Uhr ________(auf/stehen) Arbeiter läuft auf dem Sportplatz.
(13) Er spricht ________(fließen) Deutsch.
(14) Kennst du den am Tisch ________(rauchen) Herrn?

(15) Das ________(reparieren) Fahrrad steht im Hof.
(16) Die alte Frau ist ________(wüten).
(17) Von Herrn Müller ________(begleiten), besuchen wir die Stadt.
(18) Der gestern in Peking ________(ankommen) Zug wird morgen wieder abfahren.
(19) Mit dem ________(sparen) Geld kaufte er einen ________(gebrauchen) Fernseher.
(20) ________(annehmen 假定), dein Vater schickt dir kein Geld.

Ü7. 填代副词,并将句子译成汉语

(1) Der Student schrieb einen Brief, und ________ hörte er Musik.
(2) Ich habe einen Vorschlag gemacht. Alle sind ________ einverstanden.
(3) Er wartet ________ , daβ man ihm die Post bringt.
(4) —________ besteht dieser Stoff(材料)?
　　— Er besteht aus Metall(金属).
(5) Ich habe gute Leistung bekommen. Meine Eltern sind ________ zufrieden.
(6) Das Kind bat seine Mutter ________, ihm beim Übersetzen zu helfen.
(7) Wir stellten eine Frage, und ________ antwortete der Lehrer.
(8) In meinem Zimmer ist ein Tisch, ________ steht ein Stuhl.
(9) Da ist ein Sportplatz,________ treibt man Sport.
(10) Der Unterricht ist um 12 Uhr zu Ende,________ gehen wir zum Mittagessen.

Ü8. 将下列汉语译成德语

(1) 现在世界上常谈论环保问题。
(2) 他大笑着问我。
(3) 这条河受到了严重的污染。
(4) 他通过了公务员考试。
(5) 上星期,我们观看了一场成功的演出。
(6) 首先必须认识到环境污染的危害性,然后对这些问题加以解决。
(7) 昨天晚上我被施密特先生邀请去吃午饭,在他家受到了他妻子的友好接待。
(8) 我们工作很努力,受到厂领导的表扬。
(9) 这个问题必须尽快解决。
(10) 为什么案犯(Täter)还没抓到(fangen)?
(11) 禁止践踏草坪(Wiese)。
(12) 他抽着烟走在大街上。
(13) 请你用所学过的单词来造句子。
(14) 可以很容易地拿到所预订的电影票。
(15) 在接下来的一周里,我们必须结束已开始的工作。

Lesetext

Drei Zeitungsmeldungen zum Thema "Umweltschutz"

1. Nach Berechnungen von Umweltschutz – Experten gibt es in der Bundesrepublik jährlich rund 350 Millionen Kubikmeter Müll. Davon sind allein 18 Millionen Kubikmeter Autowracks und eine Million Kubikmeter Autoreifen. Die Behörden vertreten die Auffassung, dass sich die Bevölkerung umweltfreundlicher verhalten sollte. Das gilt vor allem für die Verpackung der Waren in den Geschäften und Kaufhäusern. Statt des Plastikbeutels sollte man wieder die Einkaufstasche nehmen, und statt der Einwegflasche, die weggeworfen wird, sollte man Glasflaschen verlangen, die das Geschäft zurücknimmt.

2. In Holland wurde ein Gesetz verabschiedet, das den Missbrauch der Nordsee als "europäische Abfallgrube" bestraft. Die Ozeane produzieren etwa zwei Drittel unseres Sauerstoffbedarfs. Durch die zunehmende Verschmutzung der Weltmeere ist diese Eigenschaft gefährdet. Man schätzt, dass die Ozeane allein in den letzten zwanzig Jahren fast die Hälfte ihres Lebens verloren haben. Die Nordsee ist besonders gefährdet, weil sie von Industrieländern umgeben ist, die sie leider auch zur Beseitigung ihrer Abfälle benutzen.

3. Untersuchungen haben bewiesen, dass die Schäden an der Fassade des Kölner Doms durch die Verschmutzung der Luft verursacht werden. Dieses Ergebnis wird durch eine interessante Tatsache bestätigt: das Schloβ Neuschwanstein in Bayern ist noch völlig unversehrt. Das Material seiner Fassaden stammt aber aus derselben Zeit und aus demselben Steinbruch wie das des Kölner Doms.

(参考译文)

三篇主题为“环保”的报道

1. 根据环保专家的计算,每年在联邦德国大约有3.5亿立方米的垃圾。其中仅废旧汽车金属垃圾就有1 800万立方米,另有100万立方米的汽车轮胎。当局认为,居民们应更加爱护环境。这主要是指商家店铺所卖商品的包装材料。人们应使用购物袋而非塑料袋,应使用商店回收的玻璃瓶,而不是用后即扔的一次性瓶子。

2. 荷兰通过了一项法律,对滥用北海,把北海作为“欧洲的垃圾坑”的行为予以处罚。海洋制造我们大约所需氧气的三分之一。由于海洋污染的加剧,海洋的这一特点受到了损害。有人估计,仅在近20年里,海洋的活力就丧失近半。北海尤其受到了损害,因为它被工业国包围着。很遗憾的是,这些工业国将北海作为消灭垃圾的地方。

3. 检查结果证实,科隆大教堂外表的损伤是由空气污染造成的。这一结果通过一个有趣的事实得到验证:巴伐利亚的Neuschwanstein宫完全没有侵蚀的痕迹。其外表的建材与科隆大教堂(的建材)取自同一时间和同一采石场。

第六课 LEKTION 6

Hören: Ein Gespräch mit dem Professor
与教授的一次谈话
Professor Dall – leicht zerstreut
心不在焉的达尔教授
Text: Würmer und Elefanten
Grammatik: 1. 主从复合句
2. 宾语从句
3. 主语从句
4. 表语从句
5. 条件从句、原因从句和结果从句
6. 不定冠词、物主代词、否定代词作名词
Lesetext: Im Examen 考试

Hören

Ein Gespräch mit dem Professor 与教授的一次谈话

Herr Yang kommt aus China. Er möchte sich in Deutschland weiter qualifizieren.

■ Guten Tag, Herr Yang!

□ Guten Tag, Herr Professor!

■ Bitte, nehmen Sie Platz! Herr Yang, Ihre Unterlagen habe ich studiert. Sie scheinen ein sehr begabter Wissenschaftler zu sein. Ich freue mich sehr, mit einem Chinesen zusammen zu arbeiten.

□ Ich freue mich auch sehr, dass ich die Gelegenheit habe, unter Ihrer Anleitung mein Fach weiter zu studieren.

■ Darf ich fragen, was für Arbeiten Sie über Ihr Fachgebiet verfasst haben?

□ Also, ich habe einige Artikel über die Verwendung der Lasertechnik auf dem Gebiet der Medizin geschrieben.

■ Auf welchem Gebiet möchten Sie sich denn hier weiter qualifizieren?

□ Wenn es möglich wäre, würde ich mich gern auf die Computersteuerung von Laserstrahlen konzentrieren. Wenn ich außerdem noch Zeit habe, möchte ich mein Deutsch verbessern.

■ Ich würde Ihnen vorschlagen, dass Sie sich zuerst bei uns ein paar Monate einarbeiten und sich mit unseren Forschungsmethoden vertraut machen. Wir haben einige Labors mit modernen Anlagen. Übrigens: Dienstags haben wir immer Seminare oder Diskussionen. Einer von uns hält einen Vortrag über seine Forschungen oder es finden Kolloquien statt. Hätten Sie dazu Lust?

□ Ja, das interessiert mich sehr. Darf ich auch daran teilnehmen?

■ Ja, natürlich. Herr Yang, vielleicht könnten Sie uns auch einen Vortrag über Ihre Forschungsarbeit halten?

□ Ja, ich werde das mal versuchen, aber Deutsch fällt mir sehr schwer, beim Sprechen mache ich immer Fehler.

■ Das kann man verstehen. Für Ausländer ist Deutsch wirklich zu kompliziert. Aber Sie können sich ja darauf vorbereiten. Wir haben eine Bibliothek. Ich glaube, dort sind viele Bücher, die für Sie hilfreich sein könnten, und ich werde Ihnen dabei auch helfen.

□ Das ist aber wirklich sehr nett.

■ Herr Yang, ich muss jetzt zu einer Vorlesung. Also, wir sehen uns um 10, in der Zwischenzeit wird Ihnen mein Assistent die Labors zeigen. Auf Wiedersehen!

□ Auf Wiedersehen, Herr Professor!

杨来自中国,他想在德国继续深造。

■ 您好,杨先生!

□ 您好,教授先生!

■ 您请坐!杨先生,我已经看过您的资料了。您看来是一位很有才干的科学家,我很高兴能与一位中国人共事。

□ 我也很荣幸,有机会在您的指导下继续我的专业学习。

■ 能问一下,您曾写过什么专业方面的文章吗?

□ 我曾写过几篇有关激光技术在医学领域应用方面的论文。

■ 那么您想在这儿进修什么?

□ 如果可能的话,我主要想学习激光束的计算机控制。另外,如果有时间的话,我还想提高我的德语水平。

■ 我建议您首先花几个月时间适应我们这儿的工作，并熟悉我们的研究方法。我们有几个设备先进的实验室。另外，每星期二我们都要进行学术方面的讨论。我们其中一人或做关于他所进行研究的报告，或者举行专题学术座谈。您对此有兴趣吗？

□ 是的，我很感兴趣。我可以参加吗？

■ 当然可以。杨先生，您或许也可以给我们做一次关于您的研究工作的报告？

□ 我可以试试，但我觉得德语很难，说德语时我总出错。

■ 这我可以理解，德语对外国人来说确实太复杂了。但您可以准备一下。我们有图书馆。我想，那儿有许多书，它们会对您很有帮助的。我也会帮助您的。

□ 这真是太好了。

■ 杨先生，我现在必须上课去了。那么我们 10 点见。在此期间，我的助手会领您看看实验室的。再见！

□ 再见，教授先生！

Professor Dall – leicht zerstreut　心不在焉的达尔教授

Amalie konnte keine Stimmen unterscheiden. Normalerweise kam Professor Dall genau um 12.15 Uhr nach Hause zurück. Eines Tages fiel die letzte Unterrichtsstunde aus, und Dall erschien bereits um 11.15 Uhr und klingelte an seiner Wohnungstür. Amalie fragte von drinnen: "Zu wem wollen Sie?" Dall antwortete überrascht: "Ich möchte zu Professor Dall."
"Der kommt erst in einer Stunde!"
"Gut, dann komme ich in einer Stunde wieder."

Professor Dall wurde von einem Freund darauf aufmerksam gemacht, dass er einen schwarzen und einen braunen Schuh trug. Dall starrte auf seinen Schuh und meinte schließlich: "Und das Seltsame ist, dass ich daheim noch so ein komisches Paar habe." Dann versank er in langes Nachdenken, denn er konnte sich nicht erinnern, jemals solche Schuhe gekauft zu haben.

Ein Passant sprach Professor Dall auf der Straße an: "Verzeihung, wissen Sie, wo die Drachenbergstraße ist?" "Natürlich!", murmelte der Professor und ging ohne ein weiteres Wort weiter. Dumme Frage, denn er selbst wohnte ja dort, wie sollte er es nicht wissen!

阿美莉不会辨别声音。达尔教授通常12点1刻回到家里。有一天,最后一节课取消了,达尔教授11点1刻就到了家,按响门铃。阿美莉在里面问道:"您找谁?"达尔吃惊地回答道:"我想找达尔教授。"

"他一小时后才到家!"

"那好,我一小时后再来。"

一位朋友提醒达尔教授注意,他穿了一只黑色和一只棕色的鞋。达尔盯着他的鞋,最后说道:"奇怪的是,我家里还有一双这样的鞋。"然后他就左思右想,因为他想不起来,何时买过这样的鞋子。

马路上一位行人上前问达尔教授:"劳驾,您知道得拉亨贝格大街在哪儿吗?""那当然了!"教授嘟哝了一声就继续走了。真是个愚蠢的问题,因为他本人就住在那儿,他怎会不知道呢!

Text

Würmer und Elefanten

Ich weiβ nicht, an welcher Universität diese Geschichte passiert ist. Sicher ist es aber, dass sie passiert ist. An dieser gewissen Universität lehrte ein Zoologieprofessor, ein gemütlicher alter Herr. Er wurde von seinen Studenten sehr verehrt. Kein Student hatte auch nur die geringste Angst, wenn er wusste, dass er in Zoologie von diesem Professor geprüft wurde. Jeder wusste nämlich, dass der Professor ein Steckenpferd hatte: die Würmer. Und auf dieses Thema bereitete sich jeder vor. Noch nie war ein Kandidat durchgefallen, denn der Professor wich nie von seinem Lieblingsthema ab.

Eines Tages aber geschah das Unerwartete: Der Professor schaute den Kandidaten über die Brillengläser hinweg ganz freundlich an und sagte: "Nun, Herr Kandidat, erzählen Sie mir etwas über Weichtiere!" Der Student lernte vorher seinen Vortrag über die Würmer gründlich auswendig. Er starrte nun den Professor entgeistert an, dachte angestrengt nach und stammelte schlieβlich: "Weichtiere, auch Mollusken genannt. Weichtiere sind eine Gruppe von Tieren. Man zählte sie ursprünglich zu den Würmern. Die Würmer teilt man in sechs gröβere Klassen ein: Plattwürmer, Fadenwürmer…" und nun war er bei den Würmern, und darüber wusste er ausgezeichnet Bescheid.

Der Professor blinzelte ein paarmal mit den Augen, sagte aber nichts. Der Kandidat bestand die Prüfung. Dann wandte sich der Professor dem nächsten Kandidaten zu und fragte ebenso überraschend: "Was wissen Sie vom Elefanten?"

Der wusste so gut wie nichts von dem Dickhäuter. Aber weil er meinte, dass der Professor heute seinen guten Tag habe, begann er ziemlich unbekümmert: "Der Elefant gehört zu den Säugetieren. Man erkennt ihn leicht an seinem riesigen Rüssel. Die Form des Rüssels ist wurmartig. Die Würmer gliedern sich in sechs größere Klassen: Plattwürmer, Fadenwürmer..."

Diesmal blinzelte der Professor nicht mehr, und der Kandidat fiel mit Pauken und Trompeten durch.

Vokabeln

der Wurm ¨-er	蠕虫
der Elefant -en, -en	大象
die Zoologie	动物学
verehren *vt*.	敬重,尊敬
nämlich	因为;即
gering	小的
das Steckenpferd -e	嗜好
das Thema -en	标题,主题
sich vor/bereiten	准备
der Kandidat -en, -en	考生
durch/fallen* *vi*. (s)	失败;落选
ab/weichen* *vi*. (s)	离开,偏离
geschehen* *vi*. (s/h)	发生
das Brillenglas ¨-er	眼镜镜片
hinweg	离去
an/schauen *vt*.	看
der Vortrag ¨-e	报告,演讲
das Weichtier -e	软体动物
der Dickhäuter -	厚皮动物
das Säugetier -e	哺乳动物
erkennen* *vt*.	认出
riesig	巨大的,大的
der Rüssel -	象鼻
die Form -en	形状,形式

passieren *vi*. (s)	发生
gewiss	某人,某种
zählen zu D.	把……视为
ursprünglich	原来的,原本的
entgeistert	惊愕的,目瞪口呆的
die Molluske -n	软体动物
nach/denken* über	思考,考虑
stammeln *vt*./*vi*.	结结巴巴地说,口吃
angestrengt	费力的,疲劳的
ein/teilen in A.	把……分为……
der Plattwurm ¨-er	扁形虫
der Fadenwurm ¨-er	线形虫
ausgezeichnet	极好的,优秀的
der Bescheid	告知,通知,消息
ein paarmal	几次,几下
blinzeln *vi*.	眨眼;眯眼看
sich zu/wenden* jm./etw. (D)	转向……
überraschend	令人吃惊地
unbekümmert	无所谓的,不关心的
wurmartig	虫状的,虫形的
sich gliedern in (A.)	分成,分为
diesmal	这一次
die Pauke -n	定音鼓
die Trompete -n	喇叭,小号

Texterläuterungen

1. Eines Tages aber geschah das Unerwartete. 可有一天发生了意外的事情。
2. über die Brillengläser hinweg 从眼镜框上方往外看；über etw. (A.) hinweg 越过。
3. Der Student lernte vorher seinen Vortrag über die Würmer gründlich auswendig. 这位大学生事先已将有关虫子的内容背得滚瓜烂熟。
4. … und darüber wuβte er ausgezeichnet Bescheid. ……对此他非常熟知。
5. mit den Augen blinzeln 眨眼睛。
6. Der wuβte so gut wie nichts von dem Dickhäuter. 他对厚皮动物几乎一无所知。
7. seinen guten Tag haben 心情很好。
8. mit Pauken und Tropeten (口)完完全全地，彻底地。

Grammatik

G1. 复合句

复合句分为两种：并列复合句和主从复合句。

1）并列复合句。

并列复合句是由两个或两个以上独立的、前后意义互有关联的简单句组成。简单句间用逗号分开，并使用 und, aber, denn, dann, deshalb 等连词。

例：Ich lese eine Zeitung, und er liest eine Zeitschrift. 我在看一份报纸，他在看一份杂志。

Hans bleibt zu Hause, denn es regnet. 汉斯呆在家里，因为天下雨。

Sie kommt noch nicht, deshalb warte ich nicht auf sie. 她还没来，因此我不等她了。

有些并列复合句间没使用连词，但前后句间还是有联系的，通过语意可确定其为一个整体。

例：Klaus geht ins Bett, er ist sehr müde. 克劳斯上床睡觉，他很累。

Es war einmal ein König, er hatte drei Töchter. 从前有一个国王，他有三个女儿。

Sei vorsichtig! Es herrscht starker Verkehr auf der Straβe. 小心！马路上交通繁忙。

2）主从复合句。

主从复合句是由一个主句和一个或数个从句复合而成，从句在意义上附属于主句，主从句间用逗号隔开，从句由连词引出，其变位动词位于从句的句末。通常主从复合句中的主句和从句的位置可前可后。除特殊情况外，从句一般可为后置句、前置句或插入句。按从句的句法功能可分为：①主语从句、②表语从句、③宾语从句、④定语从句、⑤状语从句。

G2. 宾语从句

1）dass 引导的宾语从句。

dass 仅为一个连词，它本身无任何意义。

例：Er hat mir gesagt, dass er morgen nach Shanghai fliegt. 他告诉我，他明天乘飞机去上海。

Sie unterhalten sich darüber, dass die Umwelt verschmutzt wird. 他们在聊环境遭到污染的事情。

Dass er im Krankenhaus liegt, weiβ ich noch nicht. 我还不知道他生病住院了。

2）ob 引导的宾语从句。

ob 意为“是否”“是不是”。

例：Ich möchte fragen, ob du die Prüfung bestanden hast. 我想问一下，你是否通过了那个考试。

Ob wir morgen einen Ausflug machen, wissen wir nicht. 我们还不知道，明天是否去郊游。

Sagen Sie mir bitte, ob Sie sich nicht wohl fühlen! 请告诉我，您是否感觉不舒服！

3）疑问词引导的宾语从句。

疑问词均可作宾语从句的连词，并保持其原来的意义。

例：Hat er dir erzählt, was auf der Straβe passiert ist? 他跟你讲了路上发生了什么事了吗？

Ich füllte am Formular aus, wann und wo ich geboren bin. 我在表上填了我是何时在何地出生的。

Man weiβ nicht, wie man dieses Problem lösen kann. 搞不清怎么才能解决这个问题。

Er fragte mich, auf wen ich wartete. 他问我在等谁。

Wer dafür verantwortlich ist, muss man feststellen. 一定要明确，谁负责此事。

【注】如主句为疑问句或命令句，那么要求主句为前置句。

G3. 主语从句

同宾语从句一样，主语从句通常也是由 dass, ob 及疑问词引导。

1）由 dass 引导出的主语从句。

例：Dass du nächste Woche zu uns kommst, freut uns sehr. 你下星期来我们这儿，这让我们很高兴。

Dass er sich mit seiner Frau gezankt hat, hat mir sehr erstaunt. 他与太太吵了起

来，使我非常吃惊。

也常见主语从句置于主句之后，这时主句中通常有 es 作形式主语。

例：Sicher ist es aber, dass sie passiert ist. 然而可以肯定的是，它(这件事)发生过。

Es interessiert den Verlag sehr, dass er einen Roman geschrieben hat. 使出版社感兴趣的是，他写了一部长篇小说。

Es macht mir viel Freude, dass ich beim Deutschstudium groβe Fortschritte gemacht habe. 使我感到欣慰的是，我在德语学习方面取得了很大的进步。

2）由 ob 引导出的主语从句。

例：Ob ich pünktlich da sein kann, hängt davon ab, ob der Zug Verspätung hat oder nicht. 我能否准时到达，这取决于火车是否正点。

Ob einer ein Freund ist, zeigt sich erst in der Not. 患难之中见真情。

Es ist noch ungewiβ, ob ich das Geburtshaus von Mozart in Satzburg besichtige. 是否参观萨尔茨堡的莫扎特故居，我还没定。

Es ist schwer zu sagen, ob auf der Versammlung über das Problem diskutiert wird. 现在很难说，会上是否讨论这个问题。

3）由疑问词引导出的主语从句。

各疑问词仍保持其原意。

例：Warum Horst nicht gekommen ist, ist uns allen unbekannt. 我们大家都不知道，为什么赫尔斯特没来。

Wie das schwierige Problem gelöst wird und wer dafür verantwortlich ist, hängt von ihm ab. 怎么解决这一疑难问题以及由谁来负责此事，这些都取决于他。

Es ist noch sehr die Frage, wann und wie wir unser Ziel erreichen können. 我们何时以及如何才能实现我们的目标，这很是个问题。

Es ist schon gewiss, mit wem er zusammenarbeiten wird. 他将与谁合作，这事已确定下来了。

G4．表语从句

表语从句很少见，只有在主句中的动词为系词时，才可能出现表语从句。下面举几个较典型例句来说明表语从句这种现象。

例：Sie wird auch, was ihre Mutter war. 她也要干她母亲从事过的职业。

Der Wunsch des Vaters ist(der), dass er Medizin studiert. 他父亲的愿望是要他学医。

Du bist noch(das), was ich gewesen, und wirst einst(das) sein, was ich jetzt bin. 你的现在就是我的过去，你的将来就是我的现在。

G5．条件从句、原因从句和结果从句

1）条件从句。

条件从句是一种状语从句，回答 unter welcher Bedingung(在什么条件下)，连词有

wenn 和 falls 两种，意思均为“如果，假如”。

例：Wenn ich Zeit habe，komme ich zu Ihnen.　如果我有时间，我就去您那儿。

Falls es morgen regnet，gehen wir nicht in die Stadt.　如果明天下雨，我们就不上街。

Ich werde，wenn du kommst，auch dorthin kommen.　如果你去的话，我也去那儿。

【注】①从句位于主句之前，主句常用 so，dann 等词导入。

例：Wenn ich genug Geld habe，dann kann ich ein schönes Fahrrad kaufen.　如果我有足够的钱，我就能买辆漂亮的自行车了。

Falls wir Zeit haben，so werden wir dir helfen.　如有时间，我们会帮助你的。

②书面语中常把连词 wenn 省略，则从句的变位动词须提前，且主语用 so 导入，此类从句也称伪装从句。

例：Bist du fleißig，so wirst du Deutsch gut lernen.　如果你用功的话，你的德语会学得很好。

Haben Sie Geduld，so können Sie es mir bitte noch einmal erzählen.　如果您有耐心的话，请再给我讲一遍。

2）原因从句。

引导原因从句的连词有 weil 和 da 两个，意思均为“因为，由于”。原因从句也属状语从句，回答 warum(为什么)。weil 引导的从句多见为后置句，通常对主句起补充说明的作用。而 da 引导的原因从句多为前置句，逻辑上表示一种已知的原因。

例：Herr Baumann ging gestern nicht zur Arbeit，weil er erkältet war.　葆曼先生昨天没上班，因为他感冒了。

Da das Wetter schlecht ist，gehen wir nicht spazieren.　因为天气不好，我们不去散步。

Sie ist mir nicht bekannt，weil ich sie nicht gesehen habe.　我不认识她，因为我没见过她。

Da der Lehrer mit Brechts Hausaufgabe nicht zufrieden war，gab er ihm eine schlechte Note.　因为老师不满意布莱希特的作业，所以他给了布莱希特一个很差的分数。

【注】weil 引导的原因从句与以往学过的 denn 引导的并列复合句可以互换。

例：Man darf hier nicht rauchen，weil hier ein Krankenhaus ist. →Man darf hier nicht rauchen，denn hier ist ein Krankenhaus.　这儿不准抽烟，因为这儿是家医院。

3）结果从句。

结果从句也是一种状语从句，表示主句的行为或状态导出的结果，回答 mit welcher Folge(怎样的结果)的结果从句要求为后置句，so dass 为从句连词，so 也可置于主句中。

例：Es ist so dunkel geworden，dass man nichts sehen kann.

Es ist sehr dunkel geworden，so dass man nichts sehen kann.　天是如此地黑，结果让人什么也看不见。

(15) Ob wir uns mal wiedersehen können. Er will wissen.

Ü3. 填入宾语从句的连词并将句子译成汉语

(1) Fragen Sie ihn, ________ Herr Müller schon nach München gefahren ist!

(2) Ich habe mich sehr gefreut, ________ ich seinen Brief bekommen konnte.

(3) ________ Hans Weber nach China fährt, möchte ich wissen.

(4) Er fragt mich, ________ ich dieses Problem gelöst habe.

(5) Man weiß schon, ________ sich nicht weit von unserer Universität ein großes Stadion befindet.

(6) ________ ihm das Studium Freude macht, möchten seine Eltern wissen.

(7) Ich weiß, ________ er sich sehr für diesen Roman interessiert.

(8) Sie hat mir erzählt, ________ sie gewachsen ist.

(9) Die Mitreisenden ärgern sich darüber, ________ er im Nichtraucherabteil raucht.

(10) Der Lehrer fragte mich, ________ ich die Hausaufgaben nicht abgab.

(11) Er weiß nicht, ________ er ins Kino geht oder zu Hause fernsieht.

(12) Man hat mir gesagt, ________ mich Herr Baumann zum Mittagessen einlädt.

(13) Die Studenten wollen wissen, ________ das Sportfest stattfindet.

(14) Ich weiß auch nicht, ________ Hefei größer als Hangzhou ist.

(15) Der Mann fragte, ________ er Federball spielen soll.

Ü4. 用 "wenn" oder "falls" 将下列的句子连成主从复合句

(1) Sie haben diese Zeitung gelesen. Sie geben sie mir.

(2) Sie sind nicht müde. Helfen Sie mir dabei!

(3) Die Studentin interessiert sich für deutsche Kultur. Der Lehrer erzählt ihr etwas davon.

(4) Ich grüße den Alten. Ich treffe ihn.

(5) Die Kinder wollen eine Fremdsprache lernen. Der Vater kann ihnen einen Kassettenrecorder kaufen.

(6) Warum bittet sie den Lehrer nicht um Hilfe? Sie hat den Text nicht verstanden.

(7) Er geht zum Park. Es regnet nicht.

(8) Du willst nach Shanghai kommen. Du kannst mit dem Bus fahren.

(9) Ich habe mich geirrt. Ich bitte Sie um Entschuldigung.

(10) Sie wollen etwas von Goethe wissen. Sie sollen seine Biographie(传记) lesen.

Ü5. 用"da"及"weil"将下列句子连成主从复合句

(1) Er geht nicht mit. Er darf nicht.

(2) Das Wetter war sehr schlecht. Wir blieben zu Hause.

(3) Er kann nur flüssige Nahrung zu sich nehmen. Er ist operiert worden.

(4) Der Film gefällt ihm sehr gut. Er will sich den Film noch einmal ansehen.

(5) Ich will mich nicht verspäten. Ich beeile mich.

(6) Wir fahren mit dem Taxi zum Bahnhof. Wir wollen dort unsere Freunde begrüßen.

(7) Die Mütter können ohne Sorgen um ihre Kinder arbeiten. Sie bringen sie in den Kindergarten.

(8) Der Student kommt heute nicht zum Unterricht. Er fühlt sich nicht wohl und muß zum Arzt gehen.

(9) Er darf nicht über die Grenze gehen. Er hat weder seinen Paß noch seinen Ausweis bei sich.

(10) Die Arbeit war sehr anstrengend. Die Leute waren abends erschöpft.

Ü6. 用"so … dass" oder "so dass"连接下列的句子

(1) Es ist im Zimmer dunkel. Ich kann nichts sehen.

(2) Er ist zu spät zum Sportplatz gekommen. Er hat nur einige Wettkämpfe gesehen.

(3) Wir sind sehr spät aufgestanden. Wir haben keine Zeit zum Frühstücken.

(4) Ich rufe Frau Müller sofort an. Sie ist darüber informiert(知道).

(5) Das Kind hat sich nicht warm angezogen. Es ist erkältet geworden.

(6) Er lernte jeden Tag etwas auswendig.
Sein Gedächtnis(记忆力) wurde nach kurzer Zeit viel besser.

(7) Man hat dem Kind keine Erste Hilfe geleistet. Es ist gestorben.

(8) Heute scheint die Sonne nicht. Die Wäsche wird nicht trocken.

(9) Er sprach undeutlich. Wir verstanden ihn nicht.

(10) Er war sehr krank. Er konnte nicht aufstehen.

Ü7. 填入不定冠词、物主代词或否定代词的名词形式,并将句子译成汉语

(1) Das ist mein Buch. ________ liegt auf dem Tisch.

(2) Japan ist ________ der wichtigsten Industrieländer(发达国家,工业国家).

(3) Dort hängen einige Anzüge, aber ________ gefällt mir sehr gut.

(4) In diesem Hochhaus sind viele Wohnungen. Meine Familie wohnt in ________.

(5) Du hast deinen Füller bei sich, aber ich habe ________ zu Hause vergessen.

(6) Die Studenten haben alle verstanden, deshalb brauche ich ________ zu helfen.

(7) Der Mann hat drei Kinder, aber nur ________ hat er sehr gern.

(8) In Nanjing gibt es ein paar Universitäten. Ich will ________ davon besuchen.

(9) Es sind viele Tische im Restaurant, aber ich finde ________ freien.

(10) Ich habe einige Blusen(衬衫), aber ________ passt zu dieser Jacke.

Ü8. 用"dass","ob","wenn","da","weil","so dass"及疑问词填空

(1) ________ du fleißig arbeitest, verdienst du Geld.

(2) Fritz kann nicht lesen, ________ er seine Brille verlegt hat.

(3) Hast du gewusst, ________ Inge geheiratet(结婚) hat.

(4) Ich frage dich zum letzten Mal, ________ du ihn auf der Straße gesehen hast.

(5) Mein Freund fragte mich, ________ ich nach Guangzhou fliegen kann.

(6) Es ist bestimmt sehr interessant, ________ wir uns in 20 Jahren wiedersehen.

(7) Der Verkehrslärm war so stark, ________ man nicht schlafen konnte.

(8) Sage mir bitte, ________ du morgen machst!

(9) ________ die Bundesrepublik klein ist, müssen die Menschen auf engstem Raum miteinander leben.

(10) Ich habe festgestellt(断定), ________ du mich belogen(欺骗) hast.

(11) Es war ein sehr schönen Tag, ________ wir vor Freude sangen.

(12) Wir denken daran, ________ wir morgen zum Gericht(法院,法庭) gehen müssen.

(13) Ich weiβ nicht, ________ du mitkommst oder nicht.

(14) Der Ausländer(外国人) hat mich gefragt, in ________ Zimmer er eintreten sollte.

(15) Er hat gestern nicht kommen können, ________ er seinem Vater bei der Arbeit im Garten hat helfen müssen.

Ü9. 将下列的句子译成德语

(1) 我知道,你不久将到德国旅行。

(2) 如果明天路上车子不抛锚(Panne haben),我们能很快抵达目的地。

(3) 我们现在还不清楚,能否在今晚之前见到她。

(4) 困难太多了,结果任务没有完成。

(5) 因为他带了雨伞,所以身上没有淋湿(naβ werden)。

(6) 如果我们作业中出现了错误,老师会划出来的(unterstreichen)。

(7) 我不知道我是否能同你一起去看京剧(Peking – Oper),因为我很忙。

(8) 我们想知道,工厂如何完成今年的计划。

(9) 因为我有时间,所以如果你不来,我就去你那儿。

(10) 他何时才能找到一份收入不错(gut bezahlt)的工作,我也不知道。

(11) 因为我不在家,因此不太清楚家中发生了什么事。

(12) 我们必须小心行驶,因为雾(der Nebel)很大(dicht)。

(13) 如果下个星期六不下雨的话,我们要到南京游玩。

(14) —他是不是问过你,你为什么不去上课?

—是的,我告诉他,我不去上课是因为我感到不舒服(sich nicht wohl fühlen)。

(15) 他们很高兴,不久就要放寒假了(Winterferien)。

Lesetext

Im Examen

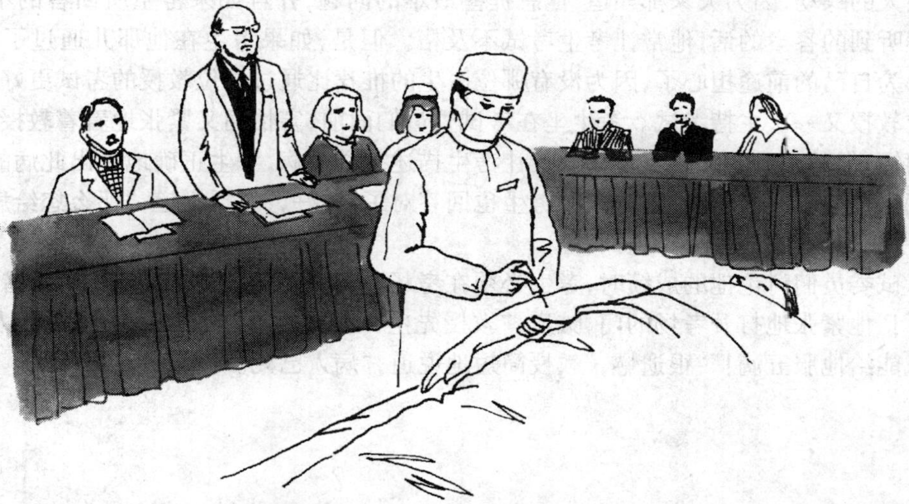

In Berlin lebte ein berühmter Medizinprofessor, der bei seinen Studenten sehr gefürchtet war. Wenn er Vorsitzender in der nächsten Prüfungskommission werden sollte, dann war stets große Aufregung, denn er war dafür bekannt, dass er die schwierigsten Fragen stellte und oft einen Kandidaten durchfallen ließ, wenn dieser nicht die Antwort gab, die der Professor zu hören wünschte. Hatte aber ein Kandidat bei ihm eine Prüfung bestanden, dann brauchte er sich um seine Zukunft keine großen Sorgen zu machen, denn kein Arzt konnte eine bessere Empfehlung haben als die, von diesem Professor geprüft worden zu sein.

Der Professor hielt wieder einmal eine Prüfung ab. Der Kanditat saß vor der Prüfungskommission und schaute etwas ängstlich und nervös den Professor an, der ihm seine kurzen, aber schwierigen Fragen stellte. Zuerst ließ sich der Professor von dem Kandidaten eine bestimmte Krankheit beschreiben. Als der Kandidat die Symptome der Krankheit richtig genannt hatte, fragte der Professor nach dem Heilmittel für diese Krankheit. Auch diese Frage beantwortete der Kandidat richtig. "Gut," sagte der Professor, "und wieviel geben Sie dem Patienten davon?" "Einen Esslöffel voll, Herr Professor", war die Antwort.

Während der Prüfungsausschuss über seine Leistungen beriet, musste der Kandidat vor der Tür des Prüfungszimmers warten. Da fiel ihm ein, dass er sich geirrt hatte: ein Esslöffel voll war ja zu viel! Aufgeregt öffnete er die Tür des Prüfungszimmers und rief: "Herr Professor! Ich habe mich geirrt! Ein Esslöffel voll ist zu viel für den Kranken. Er darf nur fünf Tropfen bekommen!" "Es tut mir leid," sagte der Professor kurz, "der Patient ist schon gestorben."

(参考译文)

考　试

在柏林有一位著名的教授,他的学生们都很怕他。每当他要做下届考试委员会的主席时,总引起很大的躁动,因为大家都知道,他总提些最难的问题,并且如果考生所回答的不是这位教授希望听到的答案的话,他常让考生考试不及格。但是,如果考生在他那儿通过了考试,那他就不必为自己的前途担心了,因为没有哪位医生的推荐比通过这位教授的考试更好的了。

这位教授又一次主持考试。考生坐在考试委员们面前,害怕而又紧张地看着教授,教授向他提了简短、但却很难的问题。首先教授让考生描述某种疾病,考生正确地说出此病的症状之后,教授又问了治此病的药。这个问题考生也回答对了。“好,”教授说道,“那么您给病人服多少药?”“一满勺,教授先生!”考生回答。

当考试委员们讨论他的成绩时,考生必须在考场外等候。这时他想起来,他弄错了:一满勺太多了!他紧张地打开考场的门,喊道:“教授先生!我刚才搞错了!一满勺对病人来说太多了。只能给他服五滴!”“很遗憾,”教授简短地说道,“病人已死。”

第七课 LEKTION 7

Hören：Der Verkehrsunfall 交通事故
Flugzeug und Kraftwagen 飞机和汽车
Text：Die Deutsche Lufthansa
Grammatik：1. 定语从句
2. 二格介词 statt，wegen，während，trotz
3. 100 以上的数词
Lesetext：Der Verkehr in Deutschland　德国的交通

Hören

Der Verkehrsunfall　交通事故

Emil hat zusammen mit seiner Freundin Ulrike eine Spazierfahrt auf seinem neuen Moped gemacht. Da ist ein Unfall passiert. Zum Glück wurden sie nur leicht verletzt. Von einem Polizisten wird Emil jetzt gefragt, wie es zu dem Unfall gekommen ist.

■ Ich wollte meiner Freundin mein Moped zeigen, das ich mir letzte Woche gekauft habe.
Wir sind aus der Bergedorfer Straße gekommen und in die Ringstraße abgebogen.

□ Aber Sie wissen doch, dass es verboten ist, zu zweit auf einem Moped zu fahren!

■ Wir wollten nur ein paar Minuten das Moped ausprobieren. Ganz kurz nur. Hier vor der Ampel haben wir einen Freund getroffen, und da habe ich wohl für ein paar Augenblicke nicht auf den Verkehr geachtet.

□ Und da sind Sie gestürzt...

■ Ja, ich bin ins Schleudern geraten und gegen den Randstein geprallt. Es ging alles so schnell. Plötzlich gab es einen Schlag, und Ulrike und ich lagen auf der Straße. Ulrike blutete an der rechten Hand, und ich hatte eine Wunde am Kopf.

埃米尔和他的女朋友乌里卡骑着他新买的轻骑兜风。结果发生了车祸。幸运的是他们只受了轻伤。一位警察在问埃米尔,车祸是怎么发生的。

■ 我原本想让我女友看看我上礼拜新买的轻骑。我们从贝尔格多夫大街拐入瑞恩大街。

□ 可是您是知道禁止两人骑一辆轻骑的!

■ 我们只想试骑几分钟。只骑一小会儿。在这儿的交通信号灯前我们遇到了一位朋友,这时候我们可能有一会儿没注意交通情况。

□ 然后您摔倒了……

■ 是的,我跌倒了,撞到路边的石头上。一切发生得很快。突然一声撞击,乌里卡和我就躺到了地上。乌里卡右手淌血了,而我头上受伤了。

Frau Meier und Herr Krause wurden auch in den Unfall verwickelt. Jetzt werden sie befragt.

■ Können Sie mir bitte schildern, wie es zu dem Unfall kam?

□ Als ich langsam auf die Ampel zufuhr, sah ich vorne an der Ampel ein Moped stehen. Plötzlich kippte das Motorrad um. Ich konnte gerade noch rechtzeitig ausweichen. Auf einmal kam ein anderes Auto um die Ecke gefahren und das streifte meinen Wagen an der linken Seite.

▲ Ich bin gar nicht schnell gefahren. Ich fuhr um die Ecke. Dann ist er plötzlich auf meine Fahrspur gekommen. Ich wollte ausweichen, aber es war zu spät.

■ Glücklicherweise zahlt die Versicherung den Schaden. Ich habe jetzt erstmal protokolliert, was geschehen ist.

马耶夫人和克劳泽先生也卷入了此事。现在在问他们(事情的经过)。

■ 您能给我讲述一下,事故是怎么发生的吗?

□ 当我慢慢地朝信号灯驶去时,看见一辆轻骑停在信号灯前。突然轻骑翻了,本来我还可以及时避开轻骑。可是突然另一辆汽车朝拐弯处开来,并碰上了我车子的左侧。

▲ 我开得根本不快。我的车在拐弯,而他的车突然抢占了我的道,我想避让,可太晚了。

■ 幸运的是由保险公司赔偿损失。我现在已有了第一次事故的记录了,有什么办法呢。

Flugzeug und Kraftwagen 飞机和汽车

Um 1500 zeichnete Leonardo da Vinci Flugapparate, deren Flügel mit den Armen bewegt wurden. Erst vier Jahrhunderte später wurde mit den bis 300 m weiten Versuchsflügen O. Lilienthals der Traum vom Fliegen Wirklichkeit. Nachdem den Gebrüdern Wright die Verbesserung des Segelflugs gelungen war, starteten sie 1903 mit einem 12 – PS – Benzinmotor zu ersten Motorflügen. Im Juli 1909 überquerte Louis Bleriot mit einem solchen Motorflugzeug den Ärmelkanal. Die weitere Entwicklung: H. Junkers stellte 1915 das erste Ganzmetall – F. her. 1927 gelang C. A. Lindbergh der erste Direktflug von New York nach Paris. Das erste Düsenflugzeug(Heinkel He – 178) flog 1939. Seit den 50er Jahren werden Düsenflugzeuge auch für den Luftverkehr verwendet…

1500年左右列奥那多·达·芬奇画出了飞机的草图,飞机的机翼由人力推动。4个世纪以后,O·李林萨尔斯才以飞行距离达300米的试飞,使飞行之梦变为现实。莱特兄弟在改进滑翔飞行获得成功之后,于1903年用12马力的汽油发动机飞机进行首飞。1909年7月路易·布莱里瓦驾驶这种发动机飞机横越了英吉利海峡。(飞机)以后又得以发展:1915年H·容克制造出了第一架全金属飞机。1927年C. A. 林得伯格首次从纽约直飞巴黎获得成功。第一架喷气式飞机(Henkel He – 178)于1939年进行了飞行。自50年代以来喷气式飞机也用于了航空交通业……

Die Entwicklung des Kraftwagens(Automobil. Auto) hat in Deutschland begonnen. 1876 erfand N. A. Otto den Viertaktmotor. 1886 wurden erstmals die von G. W. Daimler/ W. Maybach und von C. Benz entwickelten Automobile der Öffentlichkeit vorgestellt. Zu Anfang des 20. Jh. übernahmen die USA die Führung in der Kraftwagenindustrie. Dort begann mit H. Fort die Massenproduktion. Zwischen den beiden Weltkriegen wurde der Automobilexport fast nur durch die USA bestimmt. Seit dem 2. Weltkrieg spielen Europa und Japan die wichtigste Rolle im Automobilexport.

机动车(汽车)始发明于德国。1876 年 N. A. 奥托发明了四冲程发动机。1886 年由 G. W. 戴姆勒/W. 梅耶巴赫及 C. 奔驰发明的汽车首次公开亮相。20 世纪初,美国汽车工业处于领先地位。在那儿,H. 福特开始大量生产汽车。在两次大战之间,美国几乎主宰了汽车出口业。自二次世界大战以来,欧洲和日本在汽车出口方面扮演着重要的角色。

Text

Die Deutsche Lufthansa

Zu den großen Luftverkehrsgesellschaften der Welt gehört auch die Deutsche Lufthansa. Aus kleinen Anfängen hat sie sich zu einem Großbetrieb entwickelt, der vielen Menschen Arbeit und Brot gibt. Die Zentrale der Lufthansa befindet sich in Frankfurt am Main. Diese Stadt, die etwa in der Mitte Europas liegt, ist für den Eisenbahn – , Straßen – und Luftverkehr gleichermaßen günstig. Der Rhein – Main – Flughafen ist deshalb eines der großen internationalen Luftkreuze.

1983 beförderte die Lufthansa 10 729 000 Passagiere. Ein Jahr später waren es schon 11 493 000. Das ist ein Plus von 7,1%. Die Fracht stieg sogar um mehr als 16%, nämlich von 330 900 000 auf 386 471 000 Tonnen. Das ist eine große Leistung. Außerdem befördert die Lufthansa auch noch Post.

Im Jahre 1984 waren es 44 372 000 Tonnen. In vielen Ländern der Welt kennt man die deutsche Fluggesellschaft. Sie fliegt nach Peking und Hongkong ebenso wie nach Buenos Aires oder Alaska, nach Tokio und nach Australien. Im Jahre 1984 führte die Deutsche Lufthansa 142 721 Flüge durch. Dabei legten ihre Flugzeuge eine Entfernung von 178 000 000 km zurück. Insgesamt werden 123 Städte in 71 Ländern aller Kontinente angeflogen.

Der Linienverkehr zwischen den Flugplätzen der Bundesrepublik ist ausschließlich der Deutschen

Lufthansa AG vorbehalten(74% der Aktien in Bundesbesitz). Die Deutschland – und Europastrecken erbringen jedoch mit knapp 50% den Hauptanteil der Verkehrserträge, die 1979 mehr als 4,5 Mrd. DM betrugen(Passagiere 78%, Fracht 20%, Luftpost 2%). Die Auslastung der modernen Flugzeuge ist relativ hoch(Nutzladefaktor 65%, Sitzladefaktor 63%) und ist nicht zuletzt durch eine wirtschaftliche Funktions – und Typenteilung der Flotte bedingt. Die weitere Entwicklung des Luftverkehrs lässt sich nur schwer vorhersagen. Sie ist an die Treibstoffpreise gebunden. 1980 und 1981 wurde bereits ein deutlicher Rückgang des Fluggastaufkommens festgestellt.

Vokabeln

die Luftverkehrsgesellschaft – en 航空公司
der Anfang ¨e 开始,起始
sich entwickeln 发展
der Betrieb – e 工厂,企业
die Zentrale – n 中心,中央,总部
etwa 大约
gleichermaßen 同样地,完全一样地
das Plus 增长,超额
die Fracht – en (运载的)货物;货运
die Tonne – n 吨
durch/führen *vt*. 进行;实施
zurück/legen *vt*. 经过,走完
an/fliegen* *vt*. 向,飞往
ausschließlich(G.) 除……之外,独有的
vor/behalten* *vt*. 保留
die Aktie – n 股份,股票
die Strecke – n 路程;距离
erbringen* *vt*. 产生,提供
der Anteil – e 份额,部分
der Ertrag ¨e 产量;收益,
betragen* *vi*. 总计,计数为
die Auslastung – en 装满;充分利用
günstig 有利的,优惠的
international 国际的
das Kreuz – e 十字形;十字路口
befördern *vt*. 运输
der Passagier – e 旅客,乘客
die Leistung – en 成绩
die Post 邮政;邮件
der Flug ¨e 飞行
der Faktor – en 因子,因素
wirtschaftlich 经济的
bedingt 有条件的;由条件决定的
die Flotte – n 船
die Funktion – en 性能
der Typ – en 类型,型号
die Teilung – en 分开;分配
zuletzt 最后,最末
vorher/sagen *vt*. 预告
der Treibstoff 燃料
der Preis – e 价格;奖金
der Rückgang 减少,降低
das Aufkommen 收入,收成
fest/stellen *vt*. 搞清楚

Texterläuterungen

1. die Deutsche Lufthansa　德国汉莎航空公司。
2. Frankfurt am Main　美因河畔的法兰克福。
3. Die Fracht stieg sogar um mehr als 16%.　货物运输增长甚至超过了16%。
4. AG(Aktiengesellschaft)　股份有限公司。
5. Der Linienverkehr zwischen den Flugplätzen der Bundesrepublik ist ausschließlich der Deutschen Lufthansa AG vorbehalten(74% der Aktien in Bundesbesitz).　联邦德国各机场间的航线交通为汉莎航空股份有限公司所拥有(联邦政府持有74%的股份)。
6. Nutzladefaktor　有效运载比率;Sitzladefaktor　客运上座率。
7. nicht zuletzt　特别。

Grammatik

G1. 定语从句

定语从句,顾名思义,是作定语的从句。定语从句通常直接位于相关词之后,常见的定语从句可分为以下几种:

1) 由关系代词导出的定语从句,亦即关系从句,下面为关系代词的变格形式。

格	单　数 Si			数 PL.
	阳性 m.	阴性 f.	中性 n.	
N.	der/welcher	die/welche	das/welches	die/welche
G.	dessen	deren	dessen	deren
D.	dem/welchem	der/welcher	dem/welchem	denen/welchen
A.	den/welchen	die/welche	das/welches	die/welche

例:Der Student, der/welcher fleißig studiert, ist mein Freund.　这位勤奋学习的大学生是我的朋友。

Den Studenten, dessen Eltern bei der Firma Siemens arbeiten, kenne ich gut.　我很熟悉那位大学生,其父母在西门子公司工作。

Das ist der Student, bei dem/welchem ich vor einem Jahr gewohnt habe.　这就是那位大学生,我一年前曾在他那儿住过。

Der Lehrer hilft oft dem Studenten, den/welchen wir eben gesehen haben.　老师常帮助那位我们刚见过的大学生。

Ich habe nur eine Schwester, deren Mann als Übersetzer arbeitet. 我只有一位姐姐,姐夫做翻译工作。

Das Buch, dessen Inhalt sehr interessant ist, gefällt mir sehr. 我非常喜欢那本内容有趣的书。

Das Zimmer ist hell und groβ, in dem ich wohne. 我住的那间房子又大又明亮。

Die Wohnung hatte viele Fenster, aus denen ich oft die drauβen spielenden Kinder gesehen habe. 那所住房有许多窗户,我常从窗口往外看那些在外面玩耍的孩子们。

【注】①除二格单、复数及三格复数外,关系代词的其他变格形式与定冠词相同。

②关系代词也可用 welch,其词尾变化与关系代词相同,通常二格不用。

③关系代词不直接放在相关词之后也时常可见,这通常是在不影响对句子理解的情况之下。

④定语从句通常为后置句或插入句。

2) 由 dass 及 ob 引导出的定语从句。

例:Er liefert dem Gericht den Beweis, dass Klaus zu jener Zeit bei ihm gewesen ist. 他向法庭作证,克劳斯当时在他那儿。

Ich habe die Hoffnung, dass ich ins Ausland zum Studium vorgeschlagen werde. 我有希望被推荐出国留学。

Man hat auf der Versammlung über das Problem, ob man mehr Arbeitsplätze schaffen kann, diskutiert. 会上讨论了能否增加就业机会的问题。

Auf die Frage, ob die Preise steigen werden, kann ich nicht antworten. 价格是否会上浮,这个问题我无法回答。

Wir haben den Eindruck, dass der Professor sehr streng war. 我们有此印象,那位教授非常严格。

3) 以疑问词引导出的定语从句。

例:Man kann noch vieles darüber erzählen, was passieren wird. 会发生些什么,诸如此类的事情还能说出很多来。

Er hat mir etwas gegeben, was mich interessiert. 他给了我一些让我感兴趣的东西。

Sagen Sie mir den Ort, wo Sie geboren sind! 请您告诉我您出生的地点。

Man hat die Frage, wie man die Umwelt schützen soll, gestellt. 有人提出了应当如何来保护环境的问题。

【注】①疑问词作定语从句的连词仍保持原意。

②相关词为 nichts, etwas, vieles, das 等时,关系代词为 was。注意关系代词 das 与 was 的区别。

G2. 二格介词 statt, wegen, während, trotz

1) statt(oder anstatt) 意为“代替,取代,不……而……”。

例:Statt eines persönlichen Besuches schickte ich ihm einen Brief. 我没有亲自前往,而是给他寄了一封信。

Die Mutter ist statt ihrer zu mir gekommen. 母亲替她到我这儿来了。

Zu seinem Geburtstag schenke ich ihm statt der Blumen ein Wörterbuch. 他过生日时,我没送他鲜花而是送他一本字典。

2) wegen 意为“由于,因为”。

例:Wegen der Verspätung des Flugzeugs kann ich nicht pünktlich da sein. 因为飞机晚点,所以我不能准时到达。

Wir wollen wegen des schlechten Wetters nicht ausgehen. 因为天气不好,所以我们不想外出。

Wegen der Kälte sollen sich die Kinder warm anziehen. 因为寒冷,孩子们要穿暖些。

wegen 的宾语也可后置:

例:Des Gewitters wegen konnte das Flugzeug nicht starten. 因为下暴雨,飞机无法起飞。

3) während 意为“在……期间”。

例:Während des Unterrichts darf man sich nicht unterhalten. 上课时不准聊天。

Die Fahrgäste dürfen während der Fahrt des Zuges nicht herabspringen. 火车行驶时乘客不可往下跳。

Während des Studiums sollen die Studenten alle Universitätsvorschriften einhalten. 大学生在学习期间要遵守校规。

4) trotz 意为“不管,不顾,尽管”。

例:Trotz des starken Nebels machten wir einen Ausflug ins Gebirge. 尽管下大雾,我们仍然去山里旅游。

Trotz der Dunkelheit arbeiten wir weiter. 尽管天黑,但我们仍继续干活。

Trotz des Mangels an Geld habe ich ein paar Bücher gekauft. 尽管缺钱,我还是买了几本书。

Wir haben trotz vieler Schwierigkeiten den Plan erfüllt. 尽管困难重重,我们仍然完成了计划。

G3. 100 以上的数词

基本单位

百:hundert

101 (ein)hunderteins　　342 dreihundertzweiundvierzig

千:tausend

1 001 (ein)tausendeins　5 367 fünftausenddreihundertsiebenundsechzig

万:10 000 zehntausend　86 392 sechsundachtzigtausenddreihundertzweiundneunzig

十万:100 000 hunderttausend　213 501 zweihundertdreizehntausendfünfhunderteins

百万:die Million –en　1 000 000 eine Million

2 496 523 zwei Millionen vierhundertsechsundneunzigtausendfünfhundertdreiundzwanzig

千万:10 000 000 zehn Millionen

43 840 909 dreiundvierzig Millionen achthundertvierzigtausendneunhundertneun

亿:100 000 000 hundert Millionen

303 054 098 dreihundertdrei Millionen vierundfünfzigtausendachtundneunzig

十亿:die Milliarde –n

1 000 000 000 eine Milliarde

4 093 700 830 vier Milliarden dreiundneunzig Millionen siebenhunderttausendachthundertdreißig

百亿:10 000 000 000 zehn Milliarden

30 071 106 013 dreißig Milliarden einundsiebzig Millionen hundertsechstausenddreizehn

千亿:100 000 000 000 hundert Milliarden

200 139 113 040 zweihundert Milliarden hundertneununddreißig Millionen hundertdreizehntausendvierzig

万亿(兆):die Billion –en(德、英为兆;美、法为十亿,相当于 Milliarde)

1 000 000 000 000 eine Billion

3 010 110 784 010 drei Billionen zehn Milliarden hundertzehn Millionen siebenhundertvierundachtzigtausendzehn

Übungen

Ü1. 用定语从句的关系代词填空

(1) Der Student, ______ die Prüfung bestanden hat, kommt aus Hamburg.

(2) Seit langem wohne ich in diesem Haus, ______ er vor langer Zeit bewohnt hat.

(3) Das Kind, ______ Eltern ich gut kenne, ist schon 6 Jahre alt und soll die Grundschule besuchen.

(4) In der Bundesrepublik, ______ Hauptstadt Bonn war und nun Berlin ist, wird viel Bier getrunken.

(5) Ich will nach Deutschland reisen, ________ Klima(气候) gemäßigt ist.
(6) Dort sitzt eine junge Frau, ________ lange Haare hat.
(7) Der Kellner(侍者) brachte das Gemüse, ________ mir gut schmeckte.
(8) Der Mann heißt Weber, ________ Sohn mein Freund ist.
(9) Der Arzt, ________ du besucht hast, untersucht eine Kranke.
(10) In der Xinhua－Buchhandlung wird das Buch verkauft, ________ mir sehr gefällt.
(11) Gestern traf ich den Studenten, ________ ich für die Hilfe dankte.
(12) In diesem Hotel wohnen die Gäste, ________ der Reiseführer die Stadt gezeigt hat.
(13) Das Fräulein, ________ ich ein Geschenk gegeben habe, hat heute Geburtstag.
(14) Ich sprach mit dem Studenten über die Arbeitsmethode, ________ das Studium Schwierigkeiten machte.
(15) Zu Hause haben wir ein Zimmer, ________ Fenster nach dem Süden geht.

Ü2. 用关系代词和介词填空

(1) Die Nachbarin, ________ eine alte Frau sich über die Kinder unterhielt, ist Ärztin.
(2) Ich warte vor dem Kino auf meine Freundin, ________ ein neuer Film läuft.
(3) Der Ausländer, ________ Adresse man fragte, ist ein Deutscher.
(4) Ich habe den Tisch in die Ecke gestellt, ________ viele Hefte lagen.
(5) Sie heißt Helga, ________ er gesprochen hat.
(6) Der Schüler, ________ Hausaufgaben der Lehrer geholfen hat, ist schlecht im Fach Französisch.
(7) Das sind die Genossen, ________ Arbeit der Direktor sehr zufrieden ist.
(8) Wir sahen einmal den Emigranten(流亡者), ________ Vaterland er sehr stolz war.
(9) Da ist die Universität, ________ wir vier Jahre studiert haben.
(10) Dort ist eine Kasse, ________ man Geld bezahlt.
(11) Haben Sie das Buch schon gelesen, ________ ich mich auch interessiere?
(12) Er hatte in seinem Park ein Beet, ________ nur ein einziger Weg führte, mit seltenen Rosen.
(13) Im Bücherregal stehen viele Romane, ________ ein Fachbuch über Mechanik steckt.
(14) Ich stehe vor der Wand, ________ ich eine Landkarte gehängt habe.
(15) Das Zimmer, ________ Fenster er eben vorbeigegangen ist, ist hell und groß.

Ü3. 用关系代词将下列的句子连成主从复合句

(1) Den Park wollen wir besichtigen. Er befindet sich sehr weit von hier.
(2) Der Alte ist ein Kollege meines Großvaters. Er hat mir beim Lernen geholfen.
(3) Die Krankenschwester fragte mich nach meinem Namen. Sie war sehr freundlich zu den Kranken.
(4) Die Ausstellung findet in der Aula statt. Die Studenten besichtigen sie gern.
(5) Das Buch liegt auf dem Stuhl. Sein Titel heißt "deutsche Präpositionen".

(6) Nun habe ich die Prüfung bestanden. Vor der Prüfung hatte ich zuerst große Angst.

(7) Ich liebe meine Mutter sehr. Ihr Beruf ist Ärztin.

(8) Vor einigen Tagen habe ich den Alten in der Stadt gesehen. Du hilfst ihm oft.

(9) Ich gab der Frau eine Auskunft. Sie hatten ihr einmal geschrieben.

(10) Der Kranke holt die Arzneimittel in der Apotheke. Er soll sie jeden Tag zweimal drei Tabletten einnehmen.

(11) Unsere Kulturgruppe hat ein Theaterstück gespielt. Alle Zuschauer haben es mit großem Interesse gesehen.

(12) Er kennt sie gut. Ihre Freundin unterrichtete uns.

(13) Der Tisch gehört mir. Seine Farbe ist schwarz.

(14) Ich bin einmal in dieser Stadt gewesen. Sie liegt an der Oder(奥得河).

(15) Ich habe eine Verwandte. Ihre Haare sind sehr gelb.

(16) Die Bücherregale befinden sich im zweiten Stock. In ihnen stehen viele Bücher und Wörterbücher.

(17) Haben Sie von ihm gehört? Ich habe vor kurzem bei ihm gewohnt?

(18) Er fragte mich nach dem Namen des Kindes. Sein Vater ist ein Nobelpreisträger(诺贝尔奖金获得者).

(19) Bei uns gibt es verschiedene Verkehrsmittel(交通工具). Sie können mit ihnen Ihr Ziel erreichen.

(20) Haben Sie die Zeitung gelesen. In der Zeitung steht, daß ein Mord (谋杀案)gestern abend geschehen sei.

Ü4. 用介词"statt","wegen","während","trotz"填空,并将句子译成汉语

(1)________ seiner Vorsichtigkeit hat er das Glas zerbrochen.

(2)________ meiner Verspätung fuhr der Wagen nicht ab und wartete auf mich.

(3) Unser Lehrer raucht ________ der Arbeit immer sehr viel.

(4)________ meiner nahmen meine Eltern meine jüngere Schwester mit.

(5) Er konnte der Krankheit ________ nicht zum Unterricht kommen.

(6) Mein Vater hat mir ________ einer Jacke ein Spielzeug gebracht.

(7)________ dichten Nebels verlangsamte ich den Wagen.

(8)________ des Lesens des Romanes hörte ich Musik.

(9) Er hat ________ vieler Schwierigkeiten seine Aufgabe erfüllt.

(10) Man darf ________ der Fahrt nicht aus dem Zug abspringen.

(11)________ eines Farbfernsehers hat mein Mann einen Computer gekauft.

(12)________ der Reise haben wir viel gesehen.

(13)________ des plötzlichen Regens arbeitete er noch immer weiter.

(14) Der Täter wurde ________ eines Mordes zur Todesstrafe verurteilt(审判).

(15) Monik hat ________ des Studiums immer gute Leistungen bekommen.

Straβen – und Fernstraβennetzes kostet sehr viel und deshalb gibt es darüber unterschiedliche Ansichten. Kritiker meinen, dass man bei der Verkehrsplanung in Zukunft vor allem die öffentlichen Verkehrsmittel berücksichtigen muss.

(参考译文)

德国的交通

德国拥有先进的交通系统。因为拥有一个由大大小小的机场构筑的相当密集的网络,因而人们可以在最短的时间里抵达几乎每处想去之地。虽然乘坐德国联邦铁路的火车抵达目的地,速度不是很快,但却很舒适。此外,对货物运输来说,河流及(河流间的)运河起着很重要的作用。然而,公路却承担着交通的大头。除联邦公路外,总计170,000千米长的短途公路连接着各城市及乡村。7,500千米长的高速公路贯穿于全国的东西南北。有从汉堡经法兰克福到瑞士的高速公路;有从鲁尔区通向柏林的高速公路;有从柏林到慕尼黑和从卡尔斯鲁厄到萨尔茨堡附近奥地利边界的高速公路。在法兰克福附近还有两条线路延伸到鲁尔区,另外还有一条进入德累斯顿。计划要建造很多条纵横交错的高速公路,现在有的正在建设中,有的已经建成。高速公路承担着远距离交通运输或快速交通运输任务,而联邦公路及州际公路则主要为短途交通服务。与国际平均水平相比,这些公路及高速公路中的大部分,其交通流量是超负荷的,其路况因此并不总是保持良好的状态,而且频频发生交通事故。基于这个原因,还需建造很多公路,特别是4车道的高速公路。建造公路及远途公路网的费用很高,因此,对此有各种不同的观点。批评者认为,将来在规划交通时应主要考虑发展公共交通工具。

第八课 LEKTION 8

Hören : Das Lernen lernen 学会学习
"Hallo", "Ja" und"Gut" "哈啰"、"是的"和"好"
Text : Als ich das erstemal auf Deutsch träumte
Grammatik : 1. 过去完成时
2. 时间从句 als, wenn, nachdem, bis
3. 独立动词(不带 zu 的不定式)
Lesetext: die deutschen Dialekte 德语方言

Hören

Das Lernen lernen 学会学习

■ Nächste Woche bekommen wir eine neue Lehrerin.

□ Ja, John hat's mir schon erzählt. Schade, ich finde, Frau Sommer ist wirklich eine gute Lehrerin.

■ Ich weiβ nicht … Mir hat ihr Unterricht nicht gefallen. Wenn ich sie etwas gefragt habe, hat sie meist nur geantwortet: "Gehen Sie in die Bibliothek, dort sind Wörterbücher, Lexika und Grammatiken!" Ich hatte manchmal den Eindruck, sie weiβ die richtige Antwort selbst nicht.

□ Doch, die weiβ sie schon. Sie will nur, dass du lernst, die Bibliothek zu benutzen. Sie ist eben eine gute Pädagogin.

■ Aha.

□ Du weiβt doch, was “Pädagogin” bedeutet, oder?

■ Nein. Würdest du es mir erklären?

□ Komm, wir sehen mal in einem einsprachigen Wörterbuch nach!

■ Du redest ja schon wie Frau Sommer! Also, zeig mal her. Wie buchstabiert man das überhaupt?

□ Pe, Ä, De, A, Ge, O, Ge, I, En.
Hier steht's.

■ Gut, alles klar. Ich verstehe es tatsächlich!

□ Laotse hat einmal gesagt:
“Gibst du einem Menschen einen Fisch, nährt er sich einmal. Lehrst du ihn das Fischen, nährt er sich das ganze Leben.”

■ Und wer ist dieser…?

□ Laotse. El, A, O, Te, Es, E.

■ Ach so, ich soll mir wohl die Antwort selbst suchen…
Ha, I, Jot, Ka, El…Hier, Laotse!
Den Text verstehe ich nicht, aber das Bild ist nett.

■ 下星期我们要来一位新老师。

□ 是啊,约翰已对我说过了。太遗憾了,我认为,泽默尔女士确实是位好老师。

■ 我搞不清……我不喜欢她的课。当我问她些什么时,她通常只回答说:“您去图书馆,那儿有字典、百科辞典和语法书!”我有时有这个印象,就是她本人也不知道正确的答案。

□ 不,她知道的。她只是想让你学会使用图书馆,她是位优秀的教育家。

■ 啊,是这样!

□ 你知道“教育家”一词的涵义吗?

■ 不知道。你愿意给我解释一下吗?

□ 过来,我们来查查德-德字典。

■ 你说话的口气就像泽默尔夫人!来,指给我看看,是怎么拼写的?

□ Pe, Ä, De, A, Ge, O, Ge, I, En。在这儿。

■ 好,一切都明白了。我真的搞懂了。

□ 老子曾说过:
“授人以鱼,只供一饭之需;教人以渔,终身受用不尽。”

■ 那位……他是谁啊?

□ 老子。El, A, O, Te, Es, E。

■ 是这样,该我自己来找答案了…… Ha, I, Jot, Ka, El……在这儿,老子!这内容我不明白,可这幅画却很好。

“Hallo”, “Ja” und “Gut” “哈啰”、“是的”和“好”

Ein Freund hat mir eine interessante Geschichte erzählt: Sein Nachbar arbeitet bei einer Firma. Die Firma hat oft Kontakt mit dem Ausland. Aber er ist faul und lernt nicht gern Fremdsprachen. Er hat nur ein paar deutsche Wörter wie “hallo,” “ja” und “gut” gelernt. Er glaubt, dass er mit diesen Wörtern schon durch Deutschland kommen kann. Kurze Zeit später kommt er nach Deutschland. In Deutschland kann er natürlich nicht viel sagen. Wenn er aber sprechen muss, dann sagt er “hallo”, “ja” und “gut”.

Eines Tages also geht er auf der Straβe spazieren. Er bekommt groβen Hunger und geht in ein Restaurant. Schon beim Eintritt ruft er sehr laut. “Hallo!” Da eilt ein Kellner zu ihm und fragt ihn, ob er essen möchte. Er antwortet: “Ja!” und nimmt am Fenster Platz. Der Kellner bringt ihm die Speisekarte. Er öffnet sie und bestellt etwas von der Speisekarte. Der Kellner bringt ihm ein Eis auf den Tisch. Er sagt: “Gut!” Und ganz schnell ist er mit dem Eis fertig. Er hat aber immer noch Hunger und ruft wieder: “Hallo!” Der Kellner fragt ihn, ob er noch etwas haben möchte. Er sagt: “Ja!” und wählt wieder einfach zwei Dinge. Der Kellner bringt ihm dann ein Bier und einen Wein. Er trinkt und denkt: “Ich muss doch etwas essen!” So wählt er etwas auf einer anderen Seite und meint, dass er bestimmt etwas zum Essen bekommt. Diesmal bringt ihm der Kellner einen Kaffee. So hat er auch zum Schluss kein Essen bekommen.

一位朋友给我讲了一个有趣的故事:他的朋友在一家公司工作。这家公司常与国外打交道。但他很懒,不愿学外语。他只学会了几个德语单词,诸如“哈啰”、“是的”、“好”。他认为凭这么几个单词就可以闯荡德国了。不久以后,他来到德国。在德国他当然说话很少。当他不得不说话时,他就说“哈啰”、“是的”,还有 “好”这么几个词。

有一天,他上大街散步。他饿极了,就步入一家餐厅。进门时,他高叫了声“哈啰!”,一位侍者快步上前,问他是不是想吃饭。他答道:“是的!”并在窗旁坐下。侍者给他拿来菜单,他打开菜单,在上面点了些什么。侍者把冰淇淋放到桌上。他说声:“好!” 很快他就吃完了冰淇淋。可是肚子还很饿,他就又叫了声:“哈啰!”侍者问他是不是还要些什么。他说:“是的!”就又选了两样东西。后来,侍者给他端来啤酒和一杯葡萄酒。他边喝边想:“我得吃点什么呀!”这样他在菜单的另一页上选了样东西,并且认为,(这次)一定可以弄些吃的东西了。这次侍者给他送来一杯咖啡。他最终还是没吃上东西。

Text

Als ich das erstemal auf Deutsch träumte

Ich habe mit dreiβig Jahren angefangen, Deutsch zu lernen. Das war ziemlich spät: ich glaube, wenn man jünger ist, ist es viel leichter, eine Fremdsprache zu lernen. Aber ich wollte es trotzdem versuchen. Mich interessierte die deutsche Kultur, und einige Mitarbeiter der Firma hatten die Aussicht, einmal in Deutschland zu arbeiten. Also lernte ich Deutsch.

Manche Freunde warnten mich vor dieser Sprache. Aber ich lieβ mir keine Angst machen und meldete mich für einen Sprachkurs an. Anfangs fand ich Deutsch gar nicht so kompliziert. Ich freute mich über meine schnellen Fortschritte, und das Lernen machte mir viel Spaβ.

Eines Tages kam mein Chef zu mir ins Büro. Er fragte mich, ob ich gern ein paar Jahre im Ausland arbeiten wollte. Die Firma brauchte einen Vertreter in Düsseldorf—einen Vertreter für den ganzen europäischen Markt. Im ersten Moment konnte ich es kaum glauben, dass sich mein Wunsch erfüllen sollte. Jetzt war die Gelegenheit da, meine Deutschkenntnisse an Ort und Stelle zu verbessern. Ich überlegte nicht lange und nahm das Angebot an.

Aber in Düsseldorf war die Freude bald vorbei. Ich sah, dass meine Deutschkenntnisse nicht ausreichend waren: ich hatte groβe Schwierigkeiten, Deutsche zu verstehen, wenn sie in normaler Geschwindigkeit sprachen. Dazu kam, dass Deutsche sich anders verhalten als wir. Unsere Form der Höflichkeit kennen sie nicht. So war ich in vielen Situationen unsicher und wusste nicht, wie ich mich verhalten sollte. Das alles musste ich möglichst schnell lernen.

Ich wollte auch lernen, auf Deutsch zu denken. Also zwang ich mich, meine Muttersprache zu vergessen. Ich erfand Gespräche mit Deutschen und versuchte, alles, was ich dachte, auf Deutsch auszudrücken. Und dann, eines Nachts, träumte ich auf Deutsch — das erste Mal! Seit diesem Traum fühle ich mich viel sicherer und glaube jetzt, dass sich die groβe Mühe doch gelohnt hat.

Vokabeln

träumen von(D.) *vi.*	做梦,梦见	trotzdem	尽管如此
an/fangen* *vt./vi.*	开始	versuchen *vt.*	尝试;试验
ziemlich	十分,相当	die Kultur -en	文化

glauben *vt*./*vi*. 相信,认为

die Fremdsprache –n 外语

die Aussicht –en 希望;前景

manche 一些

warnen vor(D.) *vt*. 提醒;警告

die Angst 害怕

sich an/melden 报名,登记

der Sprachkurs –e 语言班

anfangs 起初,开始

kompliziert 复杂的

Düsseldorf 杜塞尔多夫

sich freuen über/auf(A.) 对……感到高兴

der Fortschritt –e 进步

das Büro –s 办公室

die Muttersprache –n 母语

erfinden* *vt*. 发明

aus/drücken *vt*. 表述,表达

der Traum ⸚e 梦,梦想

sich lohnen 值得

die Mühe 辛劳,努力

der Vertreter – 代表

europäisch 欧洲的

der Moment –e 一会儿,片刻

sich erfüllen 成为现实, 实现

der Mitarbeiter – 员工,职工

die Firma –men 公司

an/nehmen* *vt*. 接受

die Kenntnis –se 知识

ausreichend 足够的

die Schwierigkeit –en 困难

der Ort –e 地方

die Stelle –n 地方;部门

überlegen *vt*./*vi*. 考虑

die Freude 快乐,愉快

normal 正常的,一般的

die Geschwindigkeit 速度

dazu/kommen* *vi*.(h) 附加,加入

sich verhalten* 采取(或表示)某种态度

die Höflichkeit –en 礼貌,客气

die Situation –en 状态,情形

unsicher 不自信的;不安全的

möglichst 尽可能的

zwingen zu(D.) *vt*. 强迫

die Gelegenheit –en 机会

Texterläuterungen

1. Aber ich lieβ mir keine Angst machen. 但我并没害怕。
2. Ich freute mich über meine schnellen Fortschritte, und das Lernen machte mir viel Spaβ. 我为自己的快速进步感到高兴,并且学习(德语)使我非常快乐。
3. eines Tages 有一天;eines Nachts 有一天夜里。
   类似的还有:eines Morgens 有一天早晨,eines Vormittags 有一天上午, eines Mittags 有一天中午, eines Nachmittags 有一天下午,eines Abends 有一天傍晚。
4. ein paar 一些,几个; ein Paar 一双,一对。
5. Jetzt war die Gelegenheit da, meine Deutschkenntnisse an Ort und Stelle zu verbessern. 现在有了一个去德国实地提高德语知识的机会。

6. in normaler Geschwindigkeit sprechen　以正常的速度说话。

7. Dazu kam, dass Deutsche sich anders verhalten als wir.　还有,德国人的言谈举止与我们不同。

8. Und dann, eines Nachts, träumte ich auf Deutsch—das erste Mal!　然而,有天夜里我是用德语做的梦,——这是第一次。

Grammatik

G1. 过去完成时

过去完成时表示的动作发生或完成于另一个过去时表示的动作之前。过去完成时通常用于小说等叙述文中,与过去时对应使用,表示“过去的过去”。过去完成时通常不单独使用。其构成与现在完成时一样为复合时间形式。

1) 主动态。

haben/sein 的过去时 + 过去分词

ich	hatte	gesagt	ich	war	gelaufen
du	hattest	geantwortet	du	warst	gegangen
er/sie/es	hatte	geschlafen	er/sie/es	war	gewesen
wir	hatten	angerufen	wir	waren	geblieben
ihr	hattet	gefragt	ihr	wart	geworden
sie/Sie	hatten	gehabt	sie/Sie	waren	gefahren

过去完成时通常多用于从句中表示在主句动作(过去时)之前完成的行为、动作等。

例: Wir waren kaum zu Hause gewesen, da regnete es.　我刚刚到家,天就下起雨来了。

Herr Wang ging zur Arbeit, vorher hatte er bei mir gefrühstückt.　王先生去上班了,在此之前他在我这儿吃的早餐。

Da er mich besucht hatte, besuchte ich ihn gestern auch.　因为他来拜访过我了,所以我昨天也去看望他了。

2) 被动态。

sein 的过去时 + 过去分词 + worden

ich	war		
du	warst	besucht	
er/sie/es	war	angerufen	worden
wir	waren	gefragt	
ihr	wart	geschlagen	
sie/Sie	waren		

G2. 时间从句

时间从句也是一种状语从句,回答 wann (什么时候)。

1) nachdem(在……之后)引导的时间从句。

nachdem 要求从句的时态比主句早,以 nachdem 为连词的主从复合句,其主从复合句的时态关系见下表:

从句	主句
过去完成时	过去时或现在完成时
现在完成时	现在时
现在完成时	将来时

【注】①主句动作发生在过去,则 nachdem 从句须用过去完成时。

例:Nachdem ich gestern die Hausaufgaben gemacht hatte, ging ich ins Bett. 我昨天做完家庭作业之后就上床睡觉了。

Ich arbeitete drei Jahre bei der Firma BASF, nachdem ich mein Studium beendet hatte. 我大学毕业之后,在巴斯夫公司工作了 3 年。

Nachdem ich hier angekommen war, besuchte ich viele Freunde und Bekannte. 我到达这儿后,拜访了许多朋友和熟人。

②主句动作如用现在时,则 nachdem 引导的从句要用现在完成时。

例:Nachdem ich gegessen habe, gehe ich immer spazieren. 我吃完饭总是去散散步。

Wir räumen das Zimmer auf, nachdem ich nach Hause gegangen bin. 我到家之后,我们就整理房间。

③主句动作发生在将来,nachdem 从句也是用现在完成时。

例:Nachdem er arbeitslos gewesen ist, wird er sich um die Arbeitslosenhilfe bewerben. 失业后,他会去申请失业救济金的。

Die Studenten werden arbeiten, nachdem sie das Studium absolviert haben. 大学生们毕业后,将参加工作。

2) als 及 wenn 为连词的时间状语从句。

als 和 wenn 均为"当……时候"的意思,两者的区别在于,als 引导的从句表示过去发生的一次性动作;除此之外,表达"当……时候"均用 wenn。

(1) als 从句。

例:Als ich 6 Jahre alt war, besuchte ich die Grundschule.　我6岁时上了小学。

Als wir gestern Deutschunterricht hatten, wiederholten wir die Grammatik.　昨天我们上德语课时复习了语法。

Er verließ das Geschäft, als er eingekauft hatte. 他买完东西后,就离开了那家商店。

Als wir Klaus auf der Straße getroffen hatten, sahen wir ihn wieder im Kino.　当我们在马路上遇到克劳斯之后,又在电影院见到了他。

【注】als 引导的从句可与主句同为过去时,也可比主句先一个时态,即为过去完成时;als 从句为过去完成时时,可与 nachdem 互换使用。

例:Nachdem /Als er sich geduscht hatte, ging er ins Bett.　他洗完淋浴之后,就去睡觉了。

(2) wenn 从句。

例:Jedesmal, wenn ich ihn besuchte, konnte ich viele Geschenke bekommen.　过去我每次去看他,总能得到很多礼物。

Wenn mein Vater von der Dienstreise zurück ist, bringt er mir sicher Spielzeuge mit.　我爸爸出差回来时,一定会给我带玩具。

Die Schüler machen Übungen, wenn die Lehrerin die neuen Texte erklärt hat.　老师讲解完课文之后,学生们做练习。

Wenn wir morgens Sport getrieben haben, gehen wir zum Unterricht.　我们早锻炼之后就去上课。

【注】①wenn 引导的从句为现在完成时,主句为现在时时,nachdem 可替换之。

例:Nachdem /Wenn wir zu Abend gegessen haben, gehen wir zur Bibliothek. 吃完晚饭后,我们去图书馆。

②wenn 既可以作时间从句连词,也可作条件从句连词。除用在条件从句一讲中所介绍的方法来区分条件从句外,还可根据情景内容来加以判断是何种从句。此外,在难以搞清的情况下,可用 falls 替代 wenn 来引导条件从句。

例:Wenn /Falls sich ein Kind im Kindergarten verletzt hat, wird ihm sofort eine Maßnahme getroffen. 如果某个小孩在幼儿园受了伤,就要立即对他采取措施。

3) bis 作连词引导的时间从句。

bis 意为"直到",主句的动作和状态是以从句动作的发生为止境的,回答 bis wann (到什么时候)或 wie lange (多长时间)。

例:Bis wann arbeiten Sie? Ich arbeite, bis mein Vater kommt.　您干活干到什么时候?我一直干到我父亲来到为止。

Er lebte in Londen, bis er dort starb.　他在伦敦生活,直到去世。

Wir dürfen nicht nach Hause, bis die Arbeit fertig ist.　工作干完之前,我们不能回家。

G3. 独立动词(不带 zu 的不定式)

除情态动词外,德语中有一些独立动词与另一独立动词的不定式连用,不用加 zu。主要有 gehen (去), kommen (来,去), lernen (学习), lehren (教), helfen (帮助), heiβen (让,叫), lassen (让,使), sehen (看见), hören (听见), fühlen (感到,觉得)等。

例:Ich gehe in die Mensa zu Mittag essen. 我去食堂吃午饭。

Man hörte ihn ein schönes Weihnachtslied singen. 人们听到他在唱一首动听的圣诞歌曲。

Mutter lehrt das Kind lesen und schreiben. 母亲教孩子认字、写字。

Eben sind wir Wasser holen gekommen. 刚才我们打水去了。

Ich habe beim Studium tanzen gelernt. 我上大学时学会跳舞的。

Habt ihr mich Fenster putzen sehen? 你们看见我擦窗子了吗?

Laβ mich bitte durchgehen! 请让我过去。

Er hat mich kommen heiβen! 他叫我来的。

【注】①上述独立动词中 gehen, kommen, lehren, lernen 构成完成时的时候,须用第二分词,其他均用动词不定式形式。

②构成完成时所需的助动词仍按现在完成时一讲中的要求。

Übungen

Ü1. 用过去完成时态填空,并将句子译成汉语

(1) Er ________ einmal nach Beijing ________ (fliegen).

(2) Der Lehrer ________ uns im Unterricht ein Märchen ________ (vorlesen).

(3) Warum ________ er das Geld nicht noch mal ________ (nachzählen)?

(4) Die Kinder ________ auf der Wiese Fuβball ________ (spielen).

(5) Der Fallschirmspringer(跳伞运动员) ________ aus dem Flugzeug ________ (springen).

(6) Er ________ Deutsch ________ (können), aber nun hat er es vergessen.

(7) Wir ________ diesen Roman ________ (lesen).

(8) Der Schüler hatte Verspätung und ________ das Klassenzimmer nicht ________ (betreten, dürfen).

(9) Lehmanns ________ damals in dieser Wohnung ________ (wohnen).

(10) Helga ________ wegen der Hitze in der Nacht sehr schlecht ________ (schlafen).

(11) Familie Clinton ________ in die USA ________ (zurückkehren).

(12) Vor einigen Tagen ________ ich mit meinem Vater einen Baum ________ (pflanzen).

(13) Auf der Straβe ________ ihm der Name des Studenten ________(einfallen).
(14) Das Erdbeben(地震)________ die Stadt ganz ________(zerstören).
(15) Wir ________ in der Kriegszeit(战争时期) nur Naturwissenschaften ________ (studieren, wollen).
(16) Die Nanjing – Universität ________ mich ________(aufnehmen).
(17) Das Deutschstudium ________ uns viel Freude ________(machen).
(18) Der Unterricht ________ schon zu Ende ________(sein).
(19) Die Süddeutsche Zeitung ________ er nach Hause ________(mitbringen).
(20) Alle Türen und Fenster des Studentenheims ________ schon von den Studenten ________(aufmachen).
(21) Im Garten ________ viel ________(tanzen und singen).
(22) Den Alten ________ bei uns immer ________(helfen).
(23) Das Geschäft ________ reiches Angebot ________(haben).
(24) Viele Wetten(打赌)________ unter den Passagieren ________(abschlieβen).

Ü2. 将下列句子变成过去完成时态

(1) Ich bleibe dort noch einige Tage.
(2) Wie soll man das Projekt(计划,项目) durchführen?
(3) Zwischen meinen Vater und meine Mutter setzte ich mich.
(4) Am 1. Juli 1987 habe ich mein Studium beendet.
(5) Frau Weber kann den chinesischen Text ins Englische übersetzen.
(6) Vor langer Zeit habe ich ihn kennengelernt.
(7) Wir sind befreundet.
(8) Bei der Firma beschäftigte ich mich mit der Verkaufsarbeit.
(9) Zur Rettung leistete der Arzt ihm Erste Hilfe(实施急救).
(10) Er vergaβ die schwere Zeit.
(11) Den schönen Kalender hängt sie an die Wand.
(12) Der Verletzte wurde ohne Bewuβtsein(知觉).
(13) Von mir wird es vorgeschlagen, einen Ausflug zu machen.
(14) Auf der Versammlung wird über viele Fragen diskutiert.
(15) Hier riecht es nach Veilchen(紫罗兰).
(16) An der Ecke wollen wir einen Milchladen haben.
(17) Der neue Film lief in diesem alten Kino.
(18) Der Bekannte von mir trank während der Arbeit sehr viel Schnaps(烧酒).
(19) Darüber denkt er immer lange nach.
(20) Die Gesellschaft hat sich viel verändert.
(21) Er verbessert durch das Selbststudium seine Französischkenntnisse.

Ü3. 用现在完成时或过去完成时填空

(1) Nun bin ich hier da. Vor einer Woche ________ ich mal in Deutschland ________ (sein).

(2) Zuerst ________ er einen Aufsatz ________ (schreiben), dann zeigte er ihn dem Lehrer.

(3) Gestern ________ wir zu unserer Mutter ________ (kommen) und ________ bei ihr zu Abend ________ (essen).

(4) Als Klaus sein Zimmer ________ (verlassen), kam der Briefträger.

(5) Der Landarzt schreibt ein Rezept, wenn er den Kranken ________ (untersuchen).

(6) Da es ________ (regnen), bringt er einen Regenschirm mit.

(7) Nachdem du das Studium ________ (abschließen), kannst du bei meiner Firma arbeiten.

(8) Ich erklärte ihm die Aufgabe noch einmal, weil er sie nicht ________ (verstehen).

(9) Er hat mir schnell geantwortet, nachdem ich ihm ________ (schreiben).

(10) Wenn ich genügend Geld ________ (sparen), will ich einen Kühlschrank kaufen.

Ü4. 完成下列的句子

(1) Als ________, besuchte er die Grundschule.

(2) Wir bleiben zu Hause, wenn ________.

(3) Nachdem ________, mache ich einen Spaziergang.

(4) Wenn ________, bringt mir mein Vater jedesmal etwas mit.

(5) Sie war verheiratet(结婚的), als ________.

(6) Ihr musst hier warten, bis ________.

(7) Ich gab ihn zurück, nachdem ________.

(8) Die Zuschauer blieben im Kino, bis ________.

(9) Ich bin etwas alt geworden, wenn ________.

(10) Nachdem ________, wird er mich darüber informieren, ob er mich braucht.

Ü5. 填入"wenn", "nachdem", "bis", "als", "weil", "da", "so dass", "dass", "ob", "was"及关系代词

(1) Die Verkäuferin grüßte höflich, ________ ich das Geschäft betrat.

(2) Hans übt die Beispielsätze, ________ er sie kann.

(3) ________ ich eingekauft habe, bezahle ich sofort.

(4) Jedesmal ________ ich nach Rom kam, schien die Sonne.

(5) Ich steige nicht in sein Auto, ________ er zu schnell fährt.

(6) Hast du gewusst, ________ Inge geheiratet hat.

(7) ________ ich eine Fahrkarte gekauft habe, gehe ich zum Zug.

(8) ________ du mein Freund bist, musst du mir helfen.

(9) Ich weiß nicht, ________ er gut verdient.

(10) Die Kinder spielten draußen, ________ es dunkel wurde.

(11) Immer ________ die Turmuhr schlug, freute ich mich über ihren schönen Klang(响

声).

(12) Er hat mir nichts gegeben, ________ ich dringend gebraucht habe.

(13) In der Innenstadt herrscht sehr starker Verkehr, ________ man nicht da wohnen wollen.

(14) München ist eine Stadt, ________ durch ihre Bauwerke berühmt wurde und ________ Theater von vielen Kunstfreunden besucht werden.

(15) Der Bodensee, ________ Ufern ausgedehnte Obstgärten(果园) liegen, wird auch das Schwäbische Meer genannt.

Ü6. 用"so, dass "oder "so dass ", "wenn ", "ob ", "dass ", "nachdem ", "als ", "bis ", "weil " oder "da "疑问词及关系代词将下列句子连成主从复合句

(1) a) Der Mond kreist um die Erde.
b) Deshalb heißt er Erdtrabant.

(2) a) Er begann sein Studium.
b) Damals war er 20.

(3) a) Ich zeige Ihnen die Stelle.
b) Dort ist das Unglück passiert.

(4) a) Was soll ich denn mit einem Kofferradio?
b) Die Antenne(天线) der Kofferradios ist kaputt.

(5) a) "Hat er recht? "
b) Ich weiß es nicht.

(6) a) Wir haben die gleichen Ziele.
b) Deswegen arbeiten wir zusammen.

(7) a) Wir möchten es wissen.
b) Wie soll diese Aufgabe gelöst werden?

(8) a) Sie hatte die Tatsachen erfahren.
b) Danach änderte sie ihre Meinung.

(9) a) Das Kind lernt Deutsch so schnell.
b) Es kann nach einem Jahr fließend Deutsch sprechen.

(10) a) Jeder muss zuerst einmal einen Studienplatz haben.
b) Er will studieren.

(11) a) Ich habe keine Ahnung(不知道).
b) "Hat er für den Abend etwas vor? "

(12) a) Der Roman ist sehr interessant.
b) Ich habe ihn innerhalb dreier Tage zu Ende gelesen.

(13) a) Der Lehrer fragte.
b) " Wer fehlt heute? "

(14) a) Wir gehen zu Fuß.
b) Wir erreichen den Zug bestimmt nicht mehr.

(15) a) Er will hier bleiben.

b) Er hat alles erledigt.

(16) a) Ich konnte ihn nicht besuchen.

b) Er gab mir keine Adresse.

(17) a) Auf der Straße traf er den Deutschlehrer.

b) Gestern hatte er ihm das Heft gegeben.

(18) a) Er hat es schon gewusst.

b) Wir sind nach Deutschland gefahren.

(19) a) Warten Sie?

b) Er ist wieder da.

(20) a) Das ist ein Werk.

b) Alle sind mit dem Werk zufrieden.

(21) a) Seit langem habe ich den Wunsch.

b) Ich kann das Geburtshaus von Goethe mal besuchen.

(22) a) Nennen Sie einige Wissenschaftler.

b) Ihre Namen sind weltbekannt.

(23) a) Er hat mir etwas erzählt.

b) Das hat mir viel Freude gemacht.

(24) a) Es ist noch nicht ungewiss.

b) "Wird er zu uns kommen?"

Ü7. 用所给的动词填空，并将句子译成汉语

(1) Eben gingen wir Wasser ________ (holen).

(2) Das Fräulein kann sehr fließend Chinesisch ________ (sprechen).

(3) Der Gastgeber ließ die Gäste ________ (hineinkommen).

(4) Ich habe euch an die Tür ________ (klopfen, hören).

(5) Er hat den Puls(脉搏) etwas schneller ________ (gehen, fühlen).

(6) Wir sind nach Deutschland ________ (reisen, kommen).

(7) Der Schüler hat nicht an die See ________ (fahren, dürfen).

(8) Er hieß die Leute ________ (warten).

(9) Warum hat dich der Maler nicht ________ (zeichnen, lehren)?

(10) Wen sehen Sie ins Haus ________ (eintreten).

(11) Horst hat sie in der Disco ________ (tanzen, sehen).

(12) Bei wem hast du Auto ________ (fahren, lernen).

(13) Der Lehrer half mir die Hausaufgabe ________ (machen).

(14) Wer hat euch die Koffer ________ (tragen, helfen)?

(15) Sie haben die Bücher auf dem Tisch ________ (liegen, sehen).

Ü8. 填空(mit "zu" oder ohne "zu")

（参考译文）

德语方言

正像您所学过的，德语国家为德国、奥地利和瑞士。但注意：如果您从北到南，从海滨到山区或从西到东，从科隆到莱比锡，那么您一路上所听到的方言如同您所见到的风景、城市及乡村一样多，您所遇到的人，其发音与您课堂上从录音带上所学的完全是两码事。有些人将“Sch – tein”和“Illus – trierte”发成“S – tein”和“Illusch – trierte”。还有一些人混淆“mir”和“mich”或者犯更为严重的错误，但他们处之泰然，似乎这完全是正常的。

您用不了多久就会习惯这点，那就是几乎没有什么人德语说的像电视里的主持人、广播里的新闻播音员或者舞台上的演员一样。

因此，如果您去旅行的话，记住：既没有德国人，也没有奥地利人或者瑞士人。只有汉堡人、柏林人、萨克森人、施瓦本人、莱茵兰人、巴伐利亚人、伯尔尼人、维也纳人以及许许多多所有声称其母语为德语的其他地方的人。

另外，别相信您的字典！小圆面包在汉堡叫“Rundstück”，在柏林叫“Schrippe”，而在巴伐利亚则叫做“Semmel”。别费神把这些都记住！如果您不知道的话，也没关系。问问就可以了。吃、喝东西的名称对德国人来说也特别难：北德人称作 Rotkohl（甘蓝）的东西，南德人却叫做 Blaukraut！

LEKTION 9 第九课

Hören : Die Hauptstadt Berlin 首都柏林
Berliner Mauer 柏林墙
Text : Eindrücke von Deutschen
Grammatik : 1. während，bevor，seitdem 引导的时间从句
2. damit 引导的目的从句
3. um…zu 不定式的用法
Lesetext : Euro－City—Frankfurt
欧元城市——法兰克福

Hören

Die Hauptstadt Berlin 首都柏林

Herr Beutke begleitet heute Frau Adel beim Besuch der Hauptstadt Berlin.

■ Ist Berlin nun Hauptstadt oder nicht?

□ Also，Berlin war bis 1945 Hauptstadt Deutschlands. Danach gab es ja zwei deutsche Staaten:

die Bundesrepublik Deutschland, die BRD, und die Deutsche Demokratische Republik, die DDR. Als es die beiden Staaten gab, war Bonn die Hauptstadt der Bundesrepublik und Ostberlin die Hauptstadt der DDR.

■ Und heute?

□ Seit der Vereinigung von 1990 ist Berlin wieder die Hauptstadt von Deutschland. Entschuldigen Sie, Frau A, bevor wir weiterfahren, möchte ich Ihnen das Brandenburger Tor zeigen. Kommen Sie, wir steigen aus. Es ist nicht so weit von hier.

鲍尔克先生今天陪同 A 太太参观首都柏林。

■ 现在柏林是不是首都?

□ 是的。在 1945 年以前柏林就是首都。后来有了两个德国:德意志联邦共和国和德意志民主共和国。当存在两个国家的时候,波恩是联邦共和国的首都,东柏林是东德的首都。

■ 今天呢?

□ 从 1990 年统一以后,柏林又成了德国的首都了。对不起,A 太太,在我们继续开车之前,我带您去看看勃兰登堡门。来吧,我们下车,离这儿不远了。

Vor dem Brandenburger Tor erzählt Herr Beutke etwas über die Geschichte der Mauer.

□ Das ist also das Brandenburger Tor. Und hier stand die Mauer. Als ich nach Berlin kam, gab es die Mauer noch nicht. Und dann, plötzlich, über Nacht war sie da. Das war furchtbar. Bevor die Mauer da war, war hier viel los. Man ging durch das Brandenburger Tor von Osten nach Westen, von Westen nach Osten. Aber dann war das plötzlich nicht mehr möglich. Fast 30 Jahre stand hier die Mauer, man konnte plötzlich nicht mehr weitergehen, die Straßen waren einfach zu Ende.

■ Ich sehe die Mauer gar nicht.

□ Gott sei Dank. Sie ist heute nur noch ein Souvenir und eine Erinnerung.

Berliner Ausrufer: Ein Stück Mauer, extra für Sie, ein Souvenir, ein Stück Mauer, nur drei Mark. Kaufen Sie jetzt ein Stück Mauer, bevor es zu spät ist!

在勃兰登堡门前,鲍尔克先生给 A 太太介绍柏林墙的历史。

□ 这就是勃兰登堡门。从前界墙就在这儿。我来柏林的时候,还没有界墙。后来,突然在一夜之间它就建起来了。这太可怕了。在筑墙之前,这里很热闹。人们通过勃兰登堡门,从东部到西部,又从西部到东部。但是,突然就再也不可能这样通行了。这道墙在这儿几乎 30 年了。人们突然不能再往前走了,街道就这么到头了。

■我根本没看见这道墙。

□ 谢天谢地,它现在只不过是一件纪念品以及记忆了。

柏林叫卖者:一块墙砖,专门为您准备的,一件纪念品,一块墙砖,只要 3 马克。现在您买一块墙砖吧!晚了就没了!

Berliner Mauer 柏林墙

1961 lieβ die DDR – Führung mitten durch Berlin die Mauer als "Schutzwall gegen den Kapitalismus"bauen. Den Bewohnern Ostberlins und der DDR war es damit unmöglich, ohne Erlaubnis nach Westberlin oder in die BRD zu reisen. In der Bevölkerung der DDR wuchs Ende der 80er Jahre immer mehr die Unzufriedenheit. Nach der Massenflucht von DDR – Bürgern über Ungarn und Massendemostrationen in vielen Städten der DDR wurde am 9. 11. 1989, 28 Jahre nach ihrem Bau, die Mauer geöffnet. Das war der Anfang vom Ende der DDR. Heute sagt eine Mehrheit der Deutschen zwar ja zur staatlichen Einheit. Aber die Ost – und Westdeutschen beurteilen die Situation nicht gleich. Nach einer Umfrage bei 18 – bis 35 – Jährigen aus dem Jahre 1997 sind 64% der Westbürger zufrieden mit der Staatsform, in der sie leben. Im Osten hingegen finden sich nur 38% zufriedene Bürger und Bürgerinnen.

1961 年,东德政府穿过柏林市中心建造了一座墙。从此东柏林人和东德人未经许可,不得去西柏林或进入西德。80 年代末以来东德人的不满情绪日益高涨。大批东德人涌入匈牙利,在东德的许多城市发生大规模的游行示威。于是就在柏林墙建造 28 年之后的 1989 年 11 月 9 日,柏林墙被打开了。这意味着东德政府的结束。今天,虽然大多数德国人都赞成国家统一,可是东部的德国人和西部的德国人对形势的看法却不同。根据 1997 年对 18 – 35 岁的人所作的问卷调查中得出,有 64%的西部德国人对他们生活的国家状况表示满意;而与此相反,东部德国人仅有 38%的人表示满意。

Text

Eindrücke von Deutschen

Bevor ich jemals in Deutschland war, habe ich aus Musik, Filmen, Romanen und Gedichten zwei gegensätzliche Eindrücke von den Deutschen bekommen. Einerseits gab es Bach, Beethoven, Goethe, Schiller usw, andererseits gab es Leute, die ein Hakenkreuzabzeichen am Arm trugen und "Heil Hitler"riefen.

Seitdem ich nun dreimal in Deutschland war und mit verschiedenen Deutschen Kontakt hatte, bekam ich ein neues Bild von ihnen. So hatte ich einmal in Frankfurt eine Verabredung mit dem Chef eines Reisebüros und zwar um 9 Uhr 48. Das war für uns Chinesen neu, denn wir sind gewöhnt, eine Verabredung zu einer vollen oder einer halben Stunde zu treffen.

Nachdem ich gefrühstückt hatte, rief ich ein Taxi, um pünktlich das Reisebüro erreichen zu können. Gott sei Dank, als ich den Eingang des Reisebüros erreicht hatte, war es erst 9 Uhr 45. Ich wollte gerade hineingehen, da kam eine Sekretärin freundlich zu mir, sie ließ mich im Warteraum ein paar Minuten warten. Punkt 9 Uhr 48 führte die Sekretärin mich durch einen Flur und zwei Treppen hinauf zur Tür des Chefs des Reisebüros. Nun war es genau 9 Uhr 50. Mir schien, dass der Weg von zwei Minuten genau eingeplant war. Nachher erklärte mir ein deutscher Freund, dass man zu einer Verabredung pünktlich kommen muss. Zu früh oder zu spät zu sein, ist es unhöflich.

Während wir in Frankfurt am Main zwei Wochen waren, wollten wir an einem Wochenende mit der U – Bahn und der Stadtbahn fahren, damit wir die Stadt Frankfurt besser kennenlernten. Aber wir kannten die Richtung nicht und waren unschlüssig, was wir tun sollten. Da kam eine ältere Dame spontan auf uns zu und fragte uns, wohin wir wollten. Sie zeigte uns die Richtung und die richtige Linie. Dann ging sie weiter. Wir wollten gerade die empfohlene Richtung einschlagen, als die Dame zurückkehrte und sagte: "Ich kann nicht guten Gewissens weggehen. Ich werde Sie begleiten, damit Sie richtig in die U – Bahn einsteigen." Sie schien schon über 70 Jahre alt zu sein, aber sie war noch gut zu Fuß. Sie führte uns zum Fahrkartenautomaten und zum Gleis. Wir waren ihr sehr dankbar. Sie blieb noch, bis wir in die U – Bahn eingestiegen waren und winkte uns nach.

Vokabeln

der Eindruck ⼆e	印象	jemals	曾经
das Gedicht – e	诗	gegensätzlich	相反的，不同的
einerseits	一方面	andererseits	另一方面
das Hakenkreuzabzeichen	万字符	heil	幸运的，神圣的
verschieden	不同的	der Kontakt – e	联系，接触
das Reisebüro – s	旅行社	der Chinese – n, – n	中国人
gewöhnt	习惯的	aus/steigen* *vi*.	下车
treffen* *vt*.	会面，遇见	frühstücken *vi*./*vt*.	吃早餐
führen *vt*.	领导，带领	erreichen* *vt*.	到达
der Gott	上帝	der Eingang ⼆e	入口处
hinein/gehen* *vi*.	走进	die Sekretärin – nen	女秘书
nach/winken *vi*.	招手	der Warteraum ⼆e	会客室
der Punkt – e	点，句号	der Flur – e	走廊，过道

die Treppe – n	台阶，楼梯	hinauf	向上
ein/planen *vt*.	把……计划在内	unhöflich	不礼貌的
das Wochenende – n	周末	die U – Bahn	地铁
die Stadtbahn – en	轻轨车	kennen/lernen *vt*.	认识，熟悉
unschlüssig	犹豫不定	spontan	自动的，本能的
zeigen *vt*.	指点	die Richtung – en	方向
die Linie – n	线路	empfehlen* *vt*.	推荐
ein/schlagen*	采纳，打入	das Gewissen	良知，良心
weg/gehen* *vi*.	走开	begleiten *vt*.	陪同
der Fahrkartenautomat – en	自动售票机	das Gleis – e	站台，轨道

Texterläuterungen

1. zwei gegensätzliche Eindrücke von den Deutschen 对德国人有两种截然不同的印象。
2. Gott sei Dank 谢天谢地。
3. mir schien，dass… 好像。例：es scheint mir，dass….
4. mit U-Bahn und Stadtbahn fahren 乘坐地铁和轻轨车。
5. einerseits…und andererseits… 一方面……，另一方面……。
6. Bach 1714—1788，deutscher Musiker und Komponist 巴赫，德国音乐家和作曲家。
7. Beethoven 1770—1827，deutscher Komponist 贝多芬，德国作曲家。
8. Goethe 1749—1832，deutscher Dichter 歌德，德国文学家、诗人。
9. Schiller 1759—1805，deutscher Dichter 席勒，德国诗人。
10. Hitler 1889—1945 希特勒，发动第二次世界大战，失败后自杀身亡。
11. mit jm. einen Kontakt haben(machen) 与某人联系。
12. mit jm. eine Verabredung haben(machen) 与某人约定。
13. ein neues Bild von jm. bekommen 对某人产生一种新的印象。
14. Ich kann nicht guten Grewinns weggehen. 我不能心安理得地走开。

Grammatik

G1. während，bevor，seitdem 引导的时间从句

1) während(在……期间)引导的时间从句。

während 表示主句、从句的动作在同一个持续的时间段内进行，主从句时态一致。

例：Während wir zwei Wochen in Frankfurt waren, wollten wir an einem Wochenende die Stadt kennenlernen. 在法兰克福的两周期间，我们想在一个周末熟悉这个城市。

Während ich den Zug erwartete, las ich die Zeitungen. 等火车时我在看报纸。

Während er fernsieht, höre ich Musik. 他看电视时，我听音乐。

Ich habe viele Museen besichtigt, während ich in München war. 在慕尼黑期间，我参观过许多博物馆。

2) bevor(在……之前)引导的时间状语从句。

bevor 表示从句行为发生在主句之后，但主、从句的时态通常一致。从句的引导词也可用 ehe。

例：Ruf mich bitte noch mal an, bevor du abreist! 你出发之前给我打一个电话！

Ein Ausländer muss Deutsch lernen, ehe er in Deutschland studieren kann. 外国人到德国学习之前，必须先学德语。

Bevor ich in Deutschland war, hatte ich nur aus Musik, Filmen, Romanen u. a. Eindrücke von Deutschen bekommen. 未到德国之前，我仅从音乐、影片和小说等中得到有关德国人的印象。

3) seitdem(自从……以来)引导的时间从句。

seitdem 表示主句的行为开始于从句的行为发生之时或发生之后。主从句时态可以一致，也可以不一致。

例：Seitdem sie in China ist, lernt sie schon viel besser Chinesisch. 自从她到中国以来，中文学得好多了。

Seitdem Thomas an der Universität Nanjing studiert, wohnt er im Studentenheim. 自托马斯到南京大学学习以来，他就住在学生公寓。

Seitdem ich mein Studium beendet habe, bin ich als Lehrer tätig. 自大学毕业以来，我就当老师。

G2. damit 引导的目的从句

damit (为了)，它是一种状语从句，表示主句谓语的目的和意图，回答 wozu(为什么目的)。

例：Er spricht Deutsch langsam und deutlich, damit ihn die Schüler besser verstehen. 为了让学生更好地理解，他德语说得又慢又清楚。

Ich setze eine Brille auf, damit ich die Zeitung besser lesen kann. 为了看报我戴上眼镜。

Macht schnell, damit ihr den Zug noch erreichen könnt. 快点，才能赶上火车！

G3. um…zu 不定式的用法

um…zu(为了)不定式在句中作目的状语,其动作的发出者与句中的主语须一致。主从句的主语不一致时只能用 damit 引导的目的从句。若主从句的主语一致时可用 um…zu,也可用 damit。

例:Sie nimmt ein Taxi, um den Zug noch erreichen zu können.

Sie nimmt ein Taxi, damit sie den Zug noch erreichen kann. 为了赶上火车,她叫了辆出租车。

Er kommt nach China, um besser Chinesisch zu lernen. 他来中国,是为了学好汉语。

Ich habe einen Computer gekauft, um die Zeit beim Schreiben zu sparen. 为了节省写作时间,我买了一部电脑。

Übungen

Ü1. 用 damit 把下列各组句子改成主从复合句

(1) Mein Vater gab mir Geld.
Ich kann eine Uhr kaufen.

(2) Jeden Morgen lesen die Studenten die neuen Vokabeln und den Text.
Sie sollen fließend Deutsch sprechen.

(3) Du musst mir alles erzählen.
Ich kann dir helfen.

(4) Die Lehrerin sprach laut.
Die Schüler verstanden sie besser.

(5) Die Techniker und Arbeiter machen viele Versuche.
Sie können in drei Monaten eine neue Maschine bauen.

(6) Wir steigen auf einen Fernsehturm.
Wir können die schöne Stadt besser beobachten.

(7) Ich rufe ein Taxi.
Ich kann den Frühzug erreichen.

(8) Senden Sie mir bitte so bald wie möglich ein Fax!
Ich weiß alle Einzelheiten über Ihren Auftrag.

Ü2. 用 um...zu + 不定式的词组代替目的从句

(1) Ich will mir ein Wörterbuch leihen,
damit ich den Artikel ins Chinesische übersetzen kann.
(2) Sie sollen viel Sport treiben,
damit Sie wieder gesund werden.
(3) Du musst mit dem Taxi zum Bahnhof,
damit du den Frühzug noch erreichst.
(4) Ich wiederhole die Grammatik,
damit ich besser Deutsch verstehe.
(5) Wir haben uns darüber lange diskutiert,
damit wir die beste Lösung finden.
(6) Sie zieht sich warm an,
damit sie nicht krank wird.
(7) Frau Baumann isst wenig, damit sie nicht dick wird.

Ü3. 将下列各组句子改成带时间从句的主从复合句

(1) Sie verlassen das Zimmer.
Vorher schließen sie alle Fenster. (bevor)
(2) Ich mache die Hausaufgaben.
Dann schreibe ich einen Brief an meine Eltern. (nachdem)
(3) Er studiert an der Universität Frankfurt.
Er wohnt im Studentenheim. (seitdem)
(4) Sie war in der Frankfurt am Main.
Sie hat viele Freunde besucht. (während)
(5) Wir dürfen in Deutschland studieren.
Vorher sollen wir Deutsch lernen. (ehe)
(6) Ich habe gefrühstückt.
Dann gehe ich zum Unterricht. (nachdem)
(7) Er hat sein Studium beendet.
Er arbeitete als Techniker bei BASF. (seitdem)
(8) Seine Tochter schreibt die Hausarbeit.
Er liest die Zeitungen. (während)

Ü4. 填入合适的时间从句连词 bevor(ehe), seitdem, nachdem, während

(1) ________ ich diese Stadt verlasse, will ich mich von meinen Freunden verabschieden.
(2) ________ wir die Museen besucht hatten, suchten wir ein Restaurant auf, um dort zu essen.
(3) ________ ich an der Universität der Wissenschaft und Technik Chinas studiere, habe ich sogar am Wochenende keine Zeit, die schöne Stadt kennenzulernen.

(4)________ sie den Tisch deckte, ginge ich schnell ein paar Flaschen Bier holen.

(5) ________ wir zwei Wochen in Frankfurt waren, hatten wir viele Freunde kennen – gelernt.

(6) ________ Frau Guo in Deutschland war, hat sie Eindrücke von Deutschen nur aus Filmen und Romanen bekommen.

(7)________ Hans in Shanghai angekommen ist, geht er ins Hotel.

(8)________ ich eine Reise mache, buche ich ein Ticket.

Ü5. 将下列句子译成德语

(1) 来中国之前,我仅从德国报纸上得到一些对中国的印象。

(2) 为了能进口一些价廉物美的商品,我们与许多德国的企业有联系。

(3) 她德语说得又慢又清楚,为的是让所有的人都听明白。

(4) 为了能准时到达旅行社,我叫了辆出租车。

(5) 在慕尼黑期间我曾参观过一些博物馆。

(6) 外国人去德国学习之前,应在本国学好德语。

(7) 自从我在法兰克福大学学习以来,我就住在学生宿舍。

(8) 为了使我们不上错地铁,老太太领着我们进站台。

Lesetext

Euro – City—Frankfurt

Es ist Montag, der 4. Januar 1999. Das Euro – Zeitalter beginnt. Nicht nur die Finanzwelt blickt nach Frankfurt. Erstmals veröffentlicht die Europäische Zentralbank einen Euro – Wechselkurs.

Frankfurt ist zur Hauptstadt des europäischen Geldes geworden. Im Euro – Tower, mitten im Zentrum der Stadt, wird der Zinssatz für Geschäftsbanken bei der Europäischen Zentralbank festgesetzt. Regelmäßig, immer wenn der Rat der Europäischen Zentralbank tagt, steht die Stadt im Mittelpunkt des Geschehens an den internationalen Finanzmärkten.

Frankfurt verkörpert den Finanzplatz Deutschland. Das ist kein Zufall. Hier sitzen die großen deutschen Banken, hier haben die meisten in Deutschland vertretenen Auslandsbanken ihre Dependencen. Ende 1997 gab es insgesamt 397 Banken in Frankfurt. 210 Institute haben ihren Sitz in der Stadt, darunter 137 Auslandsbanken. Weitere 85 Institute sind in Frankfurt vertreten, haben ihren Sitz aber andernorts. Und 102 Banken unterhalten in der Stadt eine Repräsentanz. Insgesamt arbeiten etwa 60 000 Menschen im Bankgewerbe, das sind rund 13% aller in Frankfurt Beschäftigten. In Frankfurts Geschäftsbanken arbeiten etwa 56 000 Menschen, in der Bundesbank sowie der Landeszentralbank Hessen-Thüringen rund 3 500 und im Europäischen Währungsinstitut, dem Vorläufer der Europäischen Zentralbank, etwa 300.

(参考译文)

欧元城市——法兰克福

1999 年 1 月 4 日,星期一,欧元时代开始了。不仅只有金融界在望着法兰克福,欧洲中央银行在那儿首次公布了欧元汇率,法兰克福成为了欧洲货币的首都。位于市中心的欧元大厦制定了整个欧元区的利率。每次只要欧洲中央银行理事会举行会议,该城市即成为国际金融市场的中心。

法兰克福成为德国金融基地并非偶然。这儿是德国大银行的所在地,绝大多数在德国的外国银行在这里设有附属机构。1997 年底,法兰克福共有 397 家银行,210 家机构设在市内,其中有 137 家外国银行。另外的 85 家机构在法兰克福设有办事处,其总部则在其他地方。102 家银行在该城开设了分行。银行职工总数大约有 60 000 人,占法兰克福全部就业人数的 13%。约有 56 000 人在法兰克福的商业银行工作,联邦银行以及黑森—图林根州中央银行有 3 500 人。在欧洲中央银行的前身——欧洲货币署有 300 人左右。

第十课 LEKTION 10

Hören : Auf der Bank 在银行

Der Euro ist da 欧元来到了

Text : Die Wirtschaft in Deutschland

Grammatik : 1. 由 indem, dadurch…dass 引导的方式从句

2. 不定式结构：haben…zu, sein…zu

3. sich lassen 的用法

4. 不定式结构：ohne…zu, statt…zu

Lesetext: Die Außenwirtschaft 对外经济

Hören

Auf der Bank 在银行

■ Guten Tag! Kann ich Ihnen helfen?

□ Guten Tag! Ich möchte gern ein Konto eröffnen.

■ Ja, ein Girokonto oder ein Sparkonto?

□ Was ist da denn der Unterschied?

■ Mit einem Girokonto können Sie Ihren ganzen Zahlungsverkehr bestreiten. Sie können Geld auf dieses Konto einzahlen. Die Firma, bei der Sie arbeiten, kann den Lohn auf dieses Konto überweisen, und jeder andere kann Geld auf dieses Konto überweisen oder einzahlen.

□ Oh, das ist nicht schlecht.

■ Sie können auch Ihre Rechnungen mit diesem Konto bezahlen. Heute muss man doch vieles bezahlen: Strom, Wasser, Miete, Versicherung, Steuern...

□ Hören Sie auf, hören Sie auf! Daran will ich gar nicht dran denken.

■ Ja, das verstehe ich. Sie können uns einen Auftrag geben, und wir bezahlen die ganzen Rechnungen für Sie.

□ Bei einem Sparkonto geht das nicht?

■ Nein, ein Sparkonto ist zum Sparen da. Sie zahlen Geld ein, und am Jahresende bekommen Sie Zinsen.

□ Und wenn ich mein Geld wiederhaben will?

■ Kein Problem, Sie können Ihr Geld jeden Tag, das heiβt jeden Werktag, abheben.

□ Wieviel Zinsen bekommt man denn da?

■ Zur Zeit 2.38%. Wenn Sie 1 000 Euro einzahlen, bekommen Sie nach einem Jahr 23.8 Euro Zinsen.

□ Vielen Dank für Ihre gründliche Erklärung! Ich möchte jetzt gern ein Girokonto und ein Sparkonto eröffnen.

■ 您好！我可以帮助您吗？

□ 您好！我想开一个账户。

■ 好的，转账账户还是储蓄账户？

□ 它们有什么区别？

■ 您可以用转账账户进行所有的转账业务，您可以往这账户上存钱，您的工作单位也可以把您的工资汇到这个账户上去，任何人都可以往这个账户上转账或存钱。

□ 哦，这倒不错。

■ 用这个账户您还可以支付账单。如今我们要付钱的事很多：水电、房租、保险、税款……

□ 得，得了！我才不往这方面考虑呢。

■ 对，对！我理解。您给我们填写一份委托书，这样我们就为您支付所有的账单。

□ 这不能用储蓄账户吗？

■ 不行，储蓄账户只能用来存钱，您往上存钱，年底拿利息。

□ 我要取钱呢？

■ 没问题，您哪天都可以取您的钱，我是说任何一个工作日。

□ 那么利息是多少？

■ 现在是2.38%。如果您存入1 000欧元，一年后获利23.80欧元。

□ 非常感谢您的仔细解释！我现在就想开一个转账账户和一个储蓄账户。

Der Euro ist da 欧元来到了

Am 1. Januar 1999 fiel der Startschuss zum Euro. In elf Ländern der Europäischen Union wurde an diesem Tag die neue gemeinsame Währung als Buchgeld eingeführt. Herrin über die Geldpolitik in "Euroland" war fortan die Europäische Zentralbank in Frankfurt am Main. Ihr Präsident ist Wim Duisenberg.

Die wichtigste Aufgabe der EZB ist es, für Preisstabilität zu sorgen. Die Statuten der Europäischen Zentralbank (EZB) sind klarer und deutlicher als die der Bundesbank. Oberstes Ziel ist Preisstabilität, an der Unabhängigkeit der EZB wird nicht gerüttelt. Ob der Euro hart oder weich wird, hängt maßgeblich von der Geldpolitik der EZB ab. Die Europäische Zentralbank ist weitgehend nach deutschem Vorbild konzipiert.

Die EZB hat das alleinige Recht, Banknoten zu drucken und auszugeben. Weder die EZB noch eine nationale Zentralbank noch ein Mitglied dieser Institutionen dürfen Weisungen von der EU oder den nationalen Regierungen entgegennehmen. Die EZB ähnelt äußerlich dem föderalen deutschen Modell aus Bundesbank und Landeszentralbanken. Die nationalen Notenbanken verlieren mit der Einführung des Euro ihre geldpolitische Eigenständigkeit. Sie bilden zusammen mit der EZB, die ihre Arbeit Anfang Juli 1998 in Frankfurt aufgenommen hat, das Europäische System der Zentralbanken.

1999年1月1日欧元的启动信号发出了。这一天，欧盟11国采用这种新的共同货币作为存款货币。从此以后，"欧元国"货币政策的主宰是位于美因河畔法兰克福的欧洲中央银行。行长是维姆·杜伊森贝格。

惟有制定出正确的政策，价格才会稳定。欧洲中央银行的章程比联邦银行的更清晰明确。最高目标是价格稳定，不动摇欧洲中央银行的独立性。欧元是坚挺还是疲软，主要取决于EZB的货币政策。EZB在很大程度上是根据德国的样板设计的。

只有EZB拥有印刷和发行钞票的权力。无论是EZB，还是某一国家的中央银行和这些机构的成员都不得接受欧盟或国家政府的指令。EZB从外部结构上看很像联邦银行和州级中央银行的德国联邦制模式。随着欧元的采用，国家货币发行银行将丧失在货币政策方面的独立性。它们与1998年7月初在法兰克福开始工作的EZB一起构成中央银行的欧洲体系。

Text

Die Wirtschaft in Deutschland

Der Wohlstand eines Landes hängt hauptsächlich von seiner Wirtschaft und von seinem Handel ab. Wenn ein Land eine gesunde Volkswirtschaft hat, hebt sich der Lebensstandard des Volkes.

Deutschland ist als Industrieland auf den Handel angewiesen, denn die Industrie braucht Rohstoffe, die einzuführen sind, und einen Absatzmarkt für ihre Erzeugnisse, um wieder neue Rohstoffe einkaufen zu können.

Von den wichtigen Rohstoffen kommen Kohle und Eisen in Deutschland selbst vor. Im Ruhrgebiet befinden sich viele Bergwerke und Kohlengruben. Die Bergleute holen die Kohle und das Eisenerz aus der Erde, und Tausende von Arbeitern verarbeiten diese Rohrstoffe in riesigen Industrieanlagen. Stahl wird produziert, und aus der Kohle werden neue Grundstoffe für die chemische Industrie gewonnen.

Die chemische Industrie erzeugt vor allem Medikamente, Anilinfarben, Kunststoffe und Kunstfasern. Die Maschinenfabriken stellen Maschinen aller Art her, von der kleinsten Rechenmaschine bis zum größten Computer. Sie bauen landwirtschaftliche Maschinen, Druckerpressen, Textil – maschinen und vieles andere. Die Stadt Solingen im Ruhrgebiet ist durch Stahlwaren und Werkzeuge berühmt geworden. Nicht zuletzt sind in der Welt auch die vielen optischen Instrumente bekannt, die in der Bundesrepublik Deutschland hergestellt werden, besonders Fotoapparate, Ferngläser und Mikroskope. Die Glasindustrie liefert Glaswaren für den Haushalt und für wissenschaftliche Laboratorien.

Weitere wichtige Industrien sind die Autoindustrie, die Pozellanindustrie, die Lederwarenindustrie, die Textilindustrie und vor allem auch Spielwarenindustrie. Diese unterscheidet sich von den übrigen Industriezweigen vor allem dadurch, dass ihre Erzeugnisse nicht in großen Fabriken, sondern meist in Heimarbeit hergestellt werden; d. h. die Arbeiter arbeiten in ihren kleinen Werkstätten zu Haus.

Die Bundesrepublik führt ihre Erzeugnisse in alle Welt aus und kann von den Ländern, die diese Erzeugnisse kaufen, wieder neue Rohstoffe einkaufen. So sorgt ein dauernder Kreislauf der Waren dafür, dass freundschaftliche Handelsbeziehungen mit dem Ausland bestehenbleiben.

Vokabeln

der Wohlstand 富裕
hauptsächlich 主要的
der Handel 贸易,商业,交易
die Volkswirtschaft 国民经济
der Lebensstandard 生活水平
ein/führen vt. 进口,输入
der Absatzmarkt ¨e 销售市场
ein/kaufen vt. 采购
die Kohle –n 煤
vor/kommen* vi. 蕴藏,存在
das Bergwerk –e 矿山
die Bergleute (Pl.) 矿工
die Erde 地球,土地
der Stahl 钢
der Grundstoff –e 原料
das Medikament –e 药物
die Anilinfarbe –n 苯胺颜料
die Kunstfaser –n 合成纤维
die Fabrik –en 工厂
die Art –en 种类,方式
landwirtschaftlich 农业的
die Textilmaschine –n 纺织机
das Werkzeug –e 工具,机床
das Instrument –e 仪器,设备
der Fotoapparat –e 照相机
das Miroskop –e 显微镜
die Glasware –n 玻璃制品
wissenschaftlich 科学的
das Pozellan 瓷器
die Spielwaren Pl. 玩具
die Heimarbeit –en 家庭制作
sorgen vi. 关心,操心
der Kreislauf ¨e 循环
die Bezichung –en 关系

ab/hängen* vi. 取决于
gesund 健康的
heben* vt. 提高,举起,提起
an/weisen* vi. 依赖,指示,命令
aus/führen vt. 出口,输出
das Erzeugnis –se 产品
verkaufen vt. 卖出
das Eisen 铁
das Ruhrgebiet 鲁尔区
die Kohlengrube –n 煤矿
das Eisenerz –e 铁矿石
ab/holen vt. 接,取
verarbeiten vt. 加工
die Industrieanlage –n 工业设备
produzieren vt. 生产
gewinnen* vt. 获得,得到
der Kunststoff –e 塑料
die Maschine –n 机器
her/stellen vt. 生产,制造
die Rechenmaschine –n 计算机
die Druckpresse –n 印刷机
die Stahlware –n 钢制品
optisch 光学的
das Fernglas ¨er 望远镜
liefern vt. 提供,供应
der Haushalt –e 家务
das Laboratorium die Labors 实验室
die Lederware –n 皮革制品
sich unterscheiden –v. 区别
der Zweig –e 部门
die Werkstatt ¨en/e 工场,作坊
dauernd 持续的
freundschaftlich 友好的
das Ausland 外国
bestehen/bleiben* vi. 保持

Texterläuterungen

1. Deutschland ist als Industrieland auf den Handel angewiesen, denn die Industrie braucht Rohstoffe, die einzuführen sind, und einen Absatzmarkt für ihre Erzeugnisse, um wieder neue Rohstoffe einkaufen zu können. 德国是一个依赖贸易的工业国,因为工业需要一些必须进口的原料,同时也需要销售其工业品的市场,以便重新买进新的原料。
2. Von den wichtigen Rohstoffen kommen Kohle und Eisen in Deutschland selbst vor. 在这些重要的原料中,德国自己拥有煤和铁。
3. ...und aus der Kohle werden neue Grundstoffe für die chemische Industrie gewonnen. 从煤中提炼出新的化工原料。
4. Diese unterscheidet sich von den übrigen Industriezweigen vor allem dadurch, dass ihre Erzeugnisse nicht in großen Fabriken, sondern meist in Heimarbeit hergestellt werden;... 玩具工业与其他工业部门的主要区别在于:它的产品不是出自大工厂,而通常是在家庭用手工制造出来的。这里的 diese 指玩具工业。
5. So sorgt ein dauernder Kreislauf der Waren dafür, dass freundschaftliche Handels beziehungen mit dem Ausland bestehenbleiben. 这样一来,商品的持续循环就使得德国与外国的友好贸易关系能够保持下去。

Grammatik

G1. 由 indem, dadurch...dass 引导的方式从句

方式从句是一种状语从句,说明主句动作是在什么情况下发生的或表达实现主句行为的手段和方法,回答 wie 或 wodurch。

例: Man erweitert die Straße, indem man die alten Häuser abreißt. 通过拆除旧房来拓宽街道。

Indem man die neuen Maschinen verwendet, wird die Produktion erhöht. 使用新设备来提高生产。

Herr Müller zeigt dadurch sein Einverständnis, dass er mit dem Kopf nickt. 米勒先生用点头来表示同意。

G2. 不定式结构: haben...zu, sein...zu

1) 不定式结构 haben + zu + Inf. 构成复合谓语,具有主动意义,表示主语有某种必要或义务,相当于 müssen, sollen, können 或 dürfen 的主动句,其确切意义视上下文而定。该结构

多见于公文式书面语言中。

例：Ich habe heute diesen Artikel ins Deutsche zu übersetzen. = Ich muss heute diesen Artikel ins Deutsche übersetzen. 今天我得将这篇文章翻译成德语。

Jeder hat seine Arbeit zu machen. = Jeder soll seine Arbeit machen. 各人应当干好自己的活。

Was hast du zu berichten? = Was kannst du berichten? 你可以谈点什么？

Du hast hier nicht zu baden. = Du darfst/sollst hier nicht baden. 你不得在此游泳。

在口语中，该结构常与 viel, etwas, wenig, nichts 等不定式连用，表示必要、可能的意义，相当于带有情态动词 müssen, sollen 或 können 的句子。

例：Ich habe viel zu tun. = Ich muss viel tun. 我很忙。/我有很多事要做。

Er hat nichts zu sagen. = Er kann/darf nichts sagen. 他没什么可说的。

2) 不定式结构 sein + zu + Inf. 构成复合谓语，具有被动意义，相当于带有情态动词 müssen, sollen 或 können 的被动句(不定式必须是及物动词)。表示可能或应尽的义务，确切意义视上、下文而定。这种形式多用于科技文章。

例：Das ist schwer zu sagen. = Das kann schwer gesagt werden. 这很难说。

Die Bücher sind sofort zu bezahlen. = Die Bücher sollen/müssen sofort bezahlt werden. 这些书应马上付款。

Der Kranke ist sofort zu operieren. = Der Kranke muss sofort operiert werden. 这个病人必须立刻手术。

G3. sich lassen 的用法

sich lassen 与不定式连用一般相当于 können + 被动不定式，在科技文章中用得较多。

例：Die Tür lässt sich nicht so leicht schließen.

= Die Tür kann nicht so leicht geschlossen werden. 这扇门不易关上。

Dieses Metall lässt sich gut bearbeiten.

= Dieses Metall kann gut bearbeitet werden. 这种金属易加工。

Deutsch lässt sich nicht in kurzer Zeit erlernen.

= Deutsch kann nicht in kurzer Zeit erlernt werden. 短时间内不可能学会德语的。

sich lassen 有时表达的意思并无被动意义。

例：Hier lässt sich gut leben. 在这儿可以很好地生活。

人作主语时往往有“让……”的意思。

例：Er lässt sich gegen Grippe impfen. 他打了流感预防针。(他让人打了针。)

Frau Müller, Sie müssen sich operieren lassen. 米勒太太，您得动手术。

G4. 不定式结构：ohne...zu, statt...zu

1) ohne + zu + Inf. (不……就……。)

该结构表示的行为与主句表示的行为一般可以同时发生，但实际上只发生了主句中的行为，在句中相当于情况状语。在该结构中一般不得再加否定词。

例：Er ging, ohne mich zu grüßen.　他没跟我打招呼就走了。

Sie kann den Text ins Chinesische übersetzen, ohne das Wörterbuch zu benutzen. 她不用字典就能将这篇课文翻译成汉语。

ohne...zu 的不定式的逻辑主语必须和主句的主语一致，否则得用 ohne dass 引导状语从句。

例：Er hat mich besucht, ohne dass ich ihn eingeladen hatte.　我没有请他，他却来拜访我。

2) statt + zu + Inf.（以……代之）。

该结构表示应该发生的动作或情况没有发生，而却被主句中的动作所代替。两种行为形成对比，一般不能同时发生。

例：Statt zu arbeiten, ging Herr Li ins Kino.　李先生不去上班而去看电影。

Sie geht zu Fuß zum Bahnhof, statt mit dem Bus zu fahren.　她不乘车，而是步行去火车站。

statt...zu 的不定式的逻辑主语要与句子的主语一致，否则用 statt dass 引导的从句来代替。

例：Ich besuche meine Eltern, statt dass sie zu mir kommen.　我去看我父母亲，而不是他们来我这儿。

Übungen

Ü1. 用 indem 或 dadurch...dass 造句

(1) Die Lehrerin nennt den Schülern viele Beispiele.
Die Schüler können sie gut verstehen.

(2) Der Professor machte die Versuche.
Er half den Studenten Fachkenntnisse erlernen.

(3) Die Studenten verbessern ihre Lernleistungen.
Sie halfen einander.

(4) Man verbringt die Zeit am Abend.
Man sitzt 2－3 Stunden vor dem Fernseher.

(5) Man vermeidet die Unfälle.
Man fährt nicht zu schnell.

(6) Wir treiben täglich Sport.

Wir können immer gesund bleiben.

(7) Ich habe tüchtig gearbeitet.

Ich habe die Schwierigkeiten beim Studium überwunden.

(8) Die Wirtschaft in Deutschland entwickelt sich sehr schnell.

Die Deutschen arbeiten sehr tüchtig.

(9) Er verdiente sein Brot.

Er arbeitete als Ingenieur.

(10) Ich habe endlich die Grammatik verstanden.

Der Lehrer hat mir sie mehrmals erklärt.

Ü2. 将下列句子改为 haben + zu, sein + zu 的句子

(1) Die Arbeiter müssen den Produktionsplan erfüllen.

(2) In dieser Woche soll ich einen Brief an meine Eltern schreiben.

(3) Die Frage soll so schnell wie möglich gelöst werden.

(4) Herr Li muss heute einen Text ins Chinesische übersetzen.

(5) Seit paar Tagen muss ich viel tun.

(6) Die Bücher müssen sofort bezahlt werden.

(7) Der Text soll heute übersetzt werden.

(8) Die Aufgaben müssen bis Anfang des nächsten Monats erfüllt werden.

(9) Der Verletzte muss sofort operiert werden.

(10) Die Industrie muss die neueste Technik anwenden.

Ü3. 用 können + 被动不定式改写下列各句

(1) Eine Fremdsprache lässt sich nicht in kurzer Zeit erlernen.

(2) Dieses Metall lässt sich gut bearbeiten.

(3) Die Artikel lassen sich schwer ins Deutsche übersetzen.

(4) Die Geschichte lässt sich nicht zurückdrehen.

(5) Die Meinungen über diese Frage ließen sich nicht mehr ändern.

Ü4. 填入 ohne…zu, statt…zu 或 um…zu

(1) Einstein ging nach Zürich, ________ dort die Physik ________ studieren.

(2) ________ mir einen Termin ________ sagen, besucht er mich plötzlich.

(3) ________ die Vorlesungen ________ besuchen, kann man die Prüfung nicht bestehen.

(4) Er blieb den ganzen Sommer in der Stadt, ________ aufs Land ________ fahren.

(5) ________ sich um ________ sehen, lief er die Straße entlang.

(6) ________ den Plan rechtzeitig ________ erfüllen, muss man viel arbeiten.

(7) ________ das Wort ________ sagen, verließ er das Büro.

(8) ________ einen Brief an mich ________ schreiben, ruft er mich an.

(9) Sie ging, ________ mich ________ grüßen.

(10) ________ mit dem Flugzeug ________ fliegen, fährt er mit dem Zug nach Beijing.
(11) Nach dem Essen verließ er das Restaurant, ________ ________ bezahlen.
(12) ________ den Freund vom Bahnhof ab ________ holen, erwartet Hans ihn zu Hause.
(13) ________ an der Sitzung teil ________ nehmen, geht er spazieren.
(14) ________ ihn ________ sehen, geht sie an ihrem Freund vorbei.
(15) ________ die Tür ________ klopfen, tritt Inge einfach ins Büro ein.

Ü5. 将下列句子译成德语

(1) 学生们借助字典可以翻译课文。
(2) 通过发展经济来提高人民的生活水平。
(3) 中国把它的产品出口到世界各地。
(4) 德国是一个依赖贸易的工业国。
(5) 这辆汽车必须马上修理。
(6) 我们没休息干了一整天活。
(7) 他事先未跟我约定突然来拜访我。
(8) 她不乘公交车而是步行进城。
(9) 我让人把我的电脑修理了一下。
(10) 中国保持与外国的友好贸易关系。

Lesetext

Die Außenwirtschaft

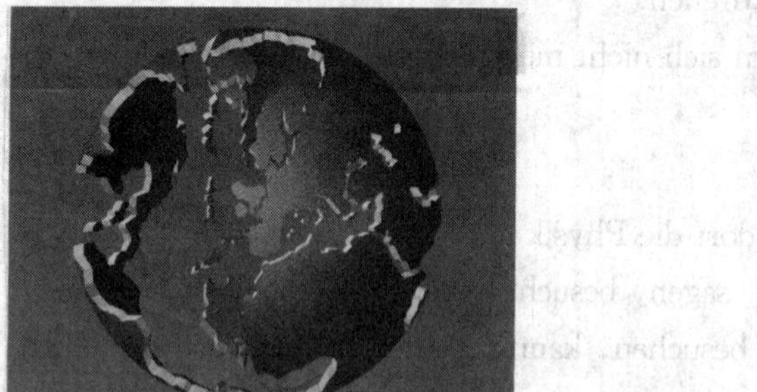

Die Außenbeziehungen spielen im Wirtschaftsleben Deutschlands eine Schlüsselrolle. Von Anfang an hat sich die Bundesrepublik für eine enge Verflechtung mit der Weltwirtschaft entschieden und sich zum Prinzip der internationalen Arbeitsteilung bekannt. Die konsequente Öffnung zur Welt hat dazu geführt, dass Deutschland nach den Vereinigten Staaten den zweitgrößten Außenhandelsumsatz der Welt hat. Die Bundesrepublik nimmt im Welthandel zusammen mit den Vereinigten Staaten und Japan eine Spitzenstellung ein.

Der Gesamtwert der Ein – und Ausfuhr der alten Bundesrepublik stieg von 19,7 Milliarden DM im Jahr 1950 auf rund 136,2 Milliarden DM im Jahr 1995. Seit 1952 überstieg die Ausfuhr meist die Einfuhr, und dies trotz mehrfacher DM – Aufwertungen. Der Ausfuhrüberschuβ ist in den achtziger Jahren sprunghaft angestiegen und erreichte 1989 den Rekordwert von 134,5 Milliarden DM. Nach der Wiedervereinigung ging der Exportüberschuβ freilich stark zurück. Die enorme Nachfrage nach Waren in den neuen Bundesländern löste einen Importsog aus; die Bundesrepblik wurde damit in einer Zeit weltweiter Konjunkturschwäche zu einer Lokomotive der Weltwirtschaft. Im Jahr 1995 führte Deutschland Waren im Wert von 634,2 Milliarden DM ein und exportierte für 727,6 Milliarden DM. Damit erzielte Deutschland erneut einen hohen Auβenhandelsüberschuβ von 93,4 Milliarden DM.

(参考译文)

对 外 经 济

对外关系在德国的经济生活中起着决定性的作用。联邦德国从一开始起就决定与世界经济打成一片,并表明拥护国际分工原则。始终不渝地向世界开放的结果是,德国的对外贸易额占世界第二位,仅次于美国。联邦德国在国际贸易中和美国及日本一起处于领先地位。

老联邦德国的进出口总值从 1950 年的 197 亿马克增加到 1995 年的 1362 亿马克。尽管德国马克多次升值,但从 1952 年以来,出口总是多于进口。80 年代出口急剧增加,1989 年达最高纪录,为 1 345 亿马克。然而,在重新统一以后,出口迅速下降。新联邦州对商品的巨大需求引起了一个进口旋涡;它使联邦德国在世界经济衰退的时候成为世界经济的火车头。1995 年德国进口商品达 6 342 亿马克,出口 7 276 亿马克。这样,德国就重新达到了 934 亿马克的高额对外贸易顺差。

LEKTION 11 第十一课

Hören：Im Supermarkt 在超市

Der Verbraucherschutz 保护消费者

Text：Die Ziele der Marktforschung

Grammatik：1．obwohl 引导的让步从句

2．solange，sobald 引导的时间从句

3．je… dasto(um so)，während，wie，als 引导的比较从句

Lesetext：Deutscher Handel 德国的商业

Hören

Im Supermarkt 在超市

Inge geht in den Supermarkt einkaufen. Sie wird von ihrer Freundin Anna angesprochen.

■ Schön, dass ich dich treffe. Wir haben uns ja lange nicht gesehen.

□ Ja, stimmt. Und jetzt treffen wir uns in diesem Chaos.

■ Ich suche hier schon eine Stunde nach Zucker und finde ihn nicht. Dieser verflixte Laden ist einfach zu groß!

□ Ich habe da vorn neben dem Brot Zucker gesehen.

■ Danke! Früher war hier so ein kleiner Tante–Emma–en, der hat mir besser gefallen.

□ Aber die kleinen Läden sind meistens viel zu teuer und haben nur eine kleine Auswahl.

■ Das stimmt schon, aber dort habe ich oft ein kleines Schwätzchen halten können. Weißt du, da kennt jeder noch jeden.

□ Ich bin im Moment ganz froh, dass hier alles auf einmal zu haben ist: Fisch, Fleisch, Gemüse, Brot, Getränke einfach alles. Ich spare eine Menge Zeit.

■ Natürlich ist es eine Erleichterung, besonders für die Berufstätigen. Der Supermarkt in der Kantstraße hat sogar noch Sachen zum Anziehen und für den Haushalt und auch Schreibwaren. Aber ich bin da noch vom alten Schlag, mir gefällt es besser, wenn man noch persönlich bedient wird.

□ Ich finde, ehrlich gesagt, die Selbstbedienungsläden ganz gut. Man kann sich die Sachen in Ruhe aussuchen und braucht nicht bei jedem Posten Schlange zu stehen.

■ Du hast recht. Aber nach Arbeitsschluss und vor dem Wochenende gibt es an de Kassen meistens ein Gedränge.

□ Vorhin war eine Durchsage. Ich habe übrigens nicht ganz alles verstanden. Hast du vorher die Durchsage verstanden?

■ Es soll ein Sonderangebot an Kaffee geben, nur 9 fünfzig die große Dose, da will ich doch mal gucken gehen.

□ Ja, ich komme mit.

英格去超市购物,这是她与朋友安娜的对话。

■ 太好了,在这儿遇到你!我们好久没见了。

□ 真是好久了!现在却在这乱哄哄的地方见面了!

■ 我在这儿找糖,已找了一个小时,可是还是没找到它。这该死的商店也太大了!

□ 我在前面那面包旁见到过糖。

■ 谢谢!过去这儿是个小商店,我倒是更喜欢这种商店。

□ 可是小商店大多数价高,商品品种少。

■ 这倒是。但是那时候我能够经常和别人聊聊天。你知道吧,在那儿还能认识一些人。\ =

□ 我现在很高兴,这儿一次能买到所有的东西。如:鱼、肉、蔬菜、面包、饮料等等。我节省了大量时间。

■ 当然购物是件很轻松的事情,特别是对上班族而言。康德大街的超市甚至还卖衣服、家用的东西和文具。可是,我这个人还是像以往那样,更喜欢有服务员亲自提供服务。

□ 老实说我认为自选市场还是很好的。人们可以悠闲地选择所需物品,并且也不需要每次排长队。

■ 你说的对,可是下班后和周末购物付款时多数情况下人多拥挤。

□ 先前广播什么来着,我没有完全听明白,你听到了吗?

■ 大概是特价销售咖啡,大听装仅卖 9 马克 50 芬尼,我倒是想去看看。

□ 好,我也去看看。

Der Verbraucherschutz 保护消费者

Das Angebot an Waren und Dienstleistungen wächst. Mehr als 1 000 Produkte kommen allein in Deutschland alljährlich neu auf den Markt. Seit der Verwirklichung des gemeinsamen Binnenmarktes in Europa am 1. Januar 1993 ist das Angebot noch größer und unübersichtlicher geworden. Erzeugnisse aus heimischer Produktion konkurrieren mit Waren aus aller Welt. Der Verbraucher hat eine so große Auswahl wie nie zuvor, doch ist er immer öfter überfordert, bei allen Produkten Qualität und Preis richtig einzuschätzen. Obendrein lauern Gefährdungen der Gesundheit und unlautere Verkaufspraktiken auf den Konsumenten. Deshalb hat sich der Verbrauchschutz in den vergangenen Jahren einen festen Platz in der Wirtschafts – und Gesellschaftsordnung Deutschlands erobert.

Die Verbraucherzentralen in den Ländern stehen mit ihren rund 350 Verbraucherberatungsstellen dem Bürger mit Rat und Tat zur Seite. Sie beantworten Fragen nach Warenqualität, Preisen und Dienstleistungen. Für ihre Arbeit erhalten die Verbände staatliche Hilfe. Bevor der Gesetzgeber neue Gesetze zum Verbraucherschutz beschließt, zieht er den Sachverstand der Verbraucherverbände zu Rate.

市场上提供的商品与服务越来越多。仅在德国,每年新推出的产品就有 1 000 多种。在 1993 年 1 月 1 日欧洲内部共同大市场出现后,商品与服务更是琳琅满目,数不胜数。本国的产品与来自世界各地的商品争奇斗艳,消费者面临着前所未有的选择。他们越来越感到要正确判断各种产品的质量与价格,真是心有余而力不足。此外,危害健康的商品和不正当的促销手段也在等着钻用户的空子。因此在过去的几年里,保护消费者在德国经济与社会秩序中取得了牢固的地位。

州消费者中心拥有大约350个消费者咨询处，其附带地为公民出主意提建议。他们解答关于商品质量、价格及服务方面的问题。这些咨询处的工作得到了国家的资助。在立法者制定关于保护消费者的新法律之前，总要向消费者协会的行家咨询请教。

Text

Die Ziele der Marktforschung

Die Marktforschung ist eine der wichtigen Voraussetzungen in einer Wirtschaft, wo man sich auf den großen Märkten gut auskennen muss, um bestehen zu können. Diese Erforschung erfordert große Mittel und muss einen längeren Zeitraum umfassen. Je größer die eingesetzten Mittel sind und je langfristiger geplant wird, desto sorgfältiger kann der Markt analysiert werden, damit möglichst keine Fehlplanungen vorkommen. Daraus ergibt sich, dass man selbstverständlich immer damit rechnen muss, dass die Marktanalyse viel Geld kostet. Deshalb ist es falsch, wie es in der Öffentlichkeit häufig geschieht, sich die Marktforschung wie eine jährlich ärztliche Untersuchung des Gesundheitszustandes vorzustellen. Denn eine derartige Untersuchung kostet bekanntlich jedes Jahr einmal etwas Geld, während die Marktanalyse über einen langen Zeitraum erhebliche Mittel erfordert.

Die Befriedigung der Kundenwünsche ist immer das erste Ziel dieser Analyse. Das bedeutet jedoch nicht, irgendeinen sehr gefragten Artikel auf den Markt zu werfen. Vielmehr muss die angebotene Ware verschiedensten Wünschen entsprechen.

Wenn der Gesamteindruck aus Menge, Qualität, Verpackung und Preis des betreffenden Artikels günstig erscheint, kann man mit einem sicheren und anhaltenden Absatz rechnen. Häufig verändert sich aber der Geschmack der Kunden aus Gründungen, die nicht genau festgestellt werden können. Eine bestimmte Ware z. B., die jahrelang gut gegangen ist, ist immer weniger gefragt. Dafür kann eine ähnliche, geringfügig verschiedene Ware plötzlich viel besser abgesetzt werden. Diese Marktveränderungen, bedingt durch den Geschmackwandel der Verbraucher, müssen rechtzeitig erkannt werden.

Das Ziel der Marktforschung dürfte eine dreifache sein: Befriedigung der Kundenwünsche, Erkennung von Marktveränderung und Anpassung an solche Veränderungen. Allein durch diese dreifachen Ziele, durch die in jedem Bereich gleiche Leistungen erzielt werden sollen, kann man mit der Marktanalyse innerhalb des Betriebes zusammen mit der Produktions – und

Planungsabteilung in einer Prognose die Chancen berechnen. Daneben sollen Verbesserungen im Kundendienst durchgeführt werden.

Durch die ständige Beobachtung des Marktes kann man jederzeit über die aktuellen Marktprobleme unterrichten. Diese Probleme des Marktes werden an die technische Abteilung weitergegeben, d. h. die Richtung der Forschung, der Verbesserung und der nötigen Veränderung in der Erzeugung wird vom Markt diktiert umgekehrt.

Vokabeln

die Forschung –en	研究,调查	die Voraussetzung –en	前提,先决条件
sich aus/kennen*	熟悉,精通	bestehen* *vt*.	经受得住,通过
erfordern *vt*.	要求	*vi*.	存在,由……组成
das Mittel	资金,手段,方法	der Zeitraum	时间,时期
umfassen *vt*.	抓住,包括	eingesetzt	投入的
langfristig	长期的	je...desto (umso)	越……越
sorgfältig	小心谨慎的	analysieren *vt*.	分析
die Erzeugung –en	产品	die Fehlplanung –en	缺少计划
sich ergeben*	产生,出现	selbstverständlich	理所当然的
rechnen *vi*.	计算,考虑,期待	die Marktanalyse –n	市场分析
die Öffentlichkeit	公开,公共	häufig	经常的
der Gesundheitszustand	健康状况	vor/stellen *vt*.	介绍
...artig	具有……性质的	bekanntlich	众所周知的
erheblich	巨大的,显著的	die Befriedigung –en	满足,满意
der Kundenwunsch ¨–e	顾客愿望	bedeuten *vt*.	意思是,意味着
werfen* *vt*.	抛,扔,投	vielmehr	更多的,多的多的
entsprechen* *vi*. D.	符合	der Gesamteindruck ¨–e	总的印象
die Menge –n	量,数量	die Qualität –en	质量
die Verpackung –en	包装	der Preis –e	价格
betreffend	有关的,关于	der Artikel –	文章,商品
anhaltend	持续不断的	der Absatz ¨–e	销售,销路,段落
sich verändern	改变	der Geschmack ¨–e	爱好,兴趣,味道
der Kunde –n, –n	顾客,客户	der Grund ¨–e	原因,理由,根据
ähnlich	类似的,相似的	geringfügig	不大的,细小的,
der Verbraucher –	消费者	dreifach	三倍
die Anpassung	适应	die Leistung –en	成绩,成就
erzielen *vt*.	获得	innerhalb G.	内部,在……之内

die Prognose –n	预测，估计	berechnen *vt*.	计算，算出，(要)价
der Kundendienst	顾客服务	daneben	除此之外
ständig	固定的，经常的	die Beobachtung –en	观察
jederzeit	随时	aktuell	实际的
unterrichten *vt*./*vi*.	授课；告知，使了解	um/kehren *vi*.	相反，颠倒

Texterläuterungen

1. …, ist immer weniger gefragt. 现在越来越少的人问津了。
2. von… diktiert sein 受……支配。

Grammatik

G1. obwohl 引导的让步从句

让步从句说明尽管发生了与主句内容相矛盾的情况，主句的行为仍然发生了。另外 obgleich，wenn auch 也可作让步从句连词。

例：Er geht zur Arbeit，obwohl er krank ist. 尽管他病了，他还是去上班。

Obwohl die deutsche Sprache schwer zu lernen ist，so wollen wir sie doch erlernen. 尽管德语难学，我们还是要学会它。

Er ging zum Unterricht，obgleich er hohes Fieber hat. 虽然他发高烧，他还是来上课了。

obwohl(尽管，从句连词)，trotzdem(尽管如此，副词)和 trotz(尽管，介词 G.)之间的转换。

例：Trotz des Regens geht er noch zur Arbeit. 尽管下雨，他还是去上班了。

= Obwohl es regnet，geht er noch zur Arbeit.

= Es regnet，trotzdem geht er noch zur Arbeit.

G2. solange，sobald 引导的时间从句

1) solange(只要，在……期间)引导的时间从句表示主、从句行为持续的时间同样长。主、从句时态通常一致。

例：Solange man lebt，muss man lernen. 活到老，学到老。

Solange ich in Deutschland war，sprach ich kein Wort Chinesisch. 在德国的时候，我没说过一句汉语。

2) sobald(一……就……)引导的时间从句表示主句动作紧接着从句的动作发生。

例:Sobald der Lehrer ins Klassenzimmer kam, begann die Sitzung. 老师一到教室,会议就开始。

Sobald ich in Frankfurt ankomme, rufe ich dich an. 我一到法兰克福就给你打电话。

G3. je...desto(um so), während, wie, als 引导的比较从句

1) je...desto(umso)(越……越……)表示主、从句说明的情况变化是成比例的,句中通常须用形容词比较级。

例:Je moderner die Technick ist, desto höher wird die Produktion steigen. 技术越先进,产量就越高。

Je dunkler die Nacht ist, um so heller werden die Sterne. 夜越黑,星星就越亮。

Je fleißiger er lernt, desto besser spricht er Deutsch. 他越勤奋学习,德语就讲得越好。

2) während(而,却)引导的比较从句的行为是对立的。

例:Während in China der Sonntag ein Einkaufstag ist, sind die Laden in Deutschland am Sonntag geschlossen. 在中国,星期日是采购的日子;而在德国,商店在星期日却停业。

Während es gestern schön war, ist es heute schlecht. 昨天天气还很好,而今天就变了。

3) wie(如同,正好)引导的比较从句表示相同的比较。

例:Ich erzähle es, wie ich es gehört habe. 我照听来的讲述。

Die Stadt ist so schön, wie ich mir gedacht habe. 这个城市和我想象的一样美。

4) als(比...)引导的比较从句表示不同的比较,主句中常有形容词或副词的比较级。

例:Die Stadt ist noch schöner, als ich gedacht habe. 这个城市比我想象的还要美。

Sie arbeitet anders, als du gearbeitet hast. 她干的跟你以前可不一样。

Übungen

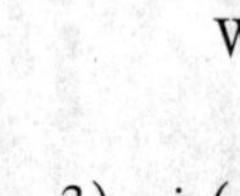

Ü1. 将下列句子改成让步从句

(1) Es regnet stark. Wir sind doch pünktlich gekommen.

(2) Das Auto ist schon alt, aber es fährt noch ganz gut.

(3) Herr Li hat nur ein paar Monate Deutsch gelernt, aber er kann schon gut Deutsch sprech-

en.

(4) Sie hat selbst nicht viel Freizeit, trotzdem hilft sie den anderen sehr gern.

(5) Er hat mir versprochen, nach der Sitzung auf mich zu warten, trotzdem ist er nach Hause gegangen.

(6) Frau Baumann spricht sehr schnell, trotzdem kann er gut verstehen.

(7) Ich kenne den Film schon, trotzdem möchte ich ihn nochmal sehen.

(8) Er hat viel zu tun, aber er ist noch zur Party gekommen.

(9) Die Gastarbeiter verdienen nicht viel, aber sie müssen hohe Miete zahlen.

(10) Ich habe nicht viel Geld, trotzdem habe ich einen Computer gekauft.

Ü2. 将下列句子改为 solange 或 sobald 引导的时间从句

(1) Ich möchte nur zu Hause bleiben.
Das Wetter ist schlecht.

(2) Der Chef ist nicht da.
Sie müssen warten.

(3) Meine Frau ist krank.
Ich mache keine Reise.

(4) Du hast noch Fieber.
Du darfst nicht aufstehen.

(5) Ich kann noch arbeiten.
Ich will mich nicht ausruhen.

(6) Er bekommt ein Telegramm.
Er fährt nach Hause.

(7) Die Fracht ist Ihnen eingetroffen.
Sie senden mir ein Fax.

(8) Sie sind in Frankfurt angekommen.
Du rufst mich an.

Ü3. 填入 solange, wenn oder sobald

(1) Die Lehrerin hilft den Studenten, ________ sie Zeit hat.

(2) ________ ich gegessen habe, komme ich zu dir.

(3) ________ meine Mutter im Krankenhaus bleibt, soll ich sie begleiten.

(4) ________ man lebt, muss man lernen.

(5) ________ es klingelt, fangen wir mit dem Unterricht an.

(6) ________ die Schüler die Prüfung machen, dürfen wir sie nicht stören.

(7) Ich fahre nach Deutschland, ________ ich ein Aufenthaltserlaubnis bekomme.

(8) Er möchte in München bleiben, ________ es geht.

Ü4. 将下列句子改为 je...desto 比较从句

(1) Er wird alt, aber er wird klug.
(2) Wir reisten nach dem Süden, aber es war warm.
(3) Die Nacht ist dunkel, und die Sterne werden hell.
(4) Die Technik ist modern, und die Produktion wird hoch steigen.
(5) Das Wetter ist kalt, und wir müssen uns viel anziehen.

Ü5. 用连词 während, wie, als 填空

(1) ________ es in dieser Jahreszeit in Harbin sehr kalt ist, ist es in Haikou sehr warm.
(2) Meine Mutter verdient mehr Geld, ________ mein Vater gedacht hat.
(3) Du kannst so gut Englisch sprechen, ________ deine Frau mir gesagt hat.
(4) ________ meine Tochter Mathematik sehr gut lernt, lernt mein Sohn sie sehr schlecht.
(5) Meine Heimatstadt ist heute viel schöner, ________ ich gehört habe.
(6) Inge isst lieber chinesische Küche, ________ sie europäische Küche aß.
(7) Nanjing ist noch schöner, ________ ich gedacht habe.
(8) Das Zimmer ist sauber, ________ Herr Wang uns berichtet.

Ü6. 将下列句子译成德语

(1) 满足顾客的愿望是市场分析的首要任务。
(2) 投入的资金越大,就越要仔细认真地分析市场。
(3) 尽管天气不好,我们还是去郊游。
(4) 只要你发烧,你就得躺在床上。
(5) 汉斯一到北京就给我打电话。
(6) 他越勤奋学习,他学得就越好。
(7) 我在读课文,而我妹妹则在听音乐。
(8) 法兰克福同我想像的一样美。
(9) 德语语法比她想像的还要难。
(10) 通过对市场的不断观察,就能随时了解市场中的实际问题。

Lesetext

Deutscher Handel

Der deutsche Handel hält seit Jahrzehnten einen Anteil von etwa 10 Prozent der Bruttowertschöpfung. Knapp fünf Millionen Menschen arbeiten inzwischen in den etwa 620000 deutschen Unternehmen des Handels. Damit ist jeder achte Erwerbstätige in Deutschland im Handel beschäftigt. Trotz einer deutschen Konzentrationsbewegung ist der Wirtschaftsbereich immer noch stark mittelständisch geprägt. Rund die Hälfte aller Handelsunternehmen beschäftigt nicht mehr als zwei Personen. In neun von zehn Unternehmen sind weniger als zehn Beschäftigte tätig. Dazu gehören meist der Inhaber selbst und oft auch dessen Angehörige.

● Der Groβhandel: Die Unternehmen des Groβhandels liefern Güter von Herstellern oder internationalen Märkten an Wiederverkäufer, Weiterverarbeiter oder gewerbliche Verwender. Sie kaufen gröβere Mengen von Waren und verkaufen sie in kleineren Posten weiter. Vor allem der Einzelhandel wird vom Groβhandel mit kurz – und langlebigen Gebrauchs – und Verbrauchsgütern versorgt. 1949 machte der Groβhandel einen Umsatz von etwa 50 Milliarden DM. 1995 waren es knapp 1, 1 Billionen DM. Zur Zeit gibt es in Deutschland ungefähr 118 000 Groβhandelsunternehmen.

● Der Einzelhandel: Im Einzelhandel vollzog sich in den letzten Jahrzehnten ein tiefgreifender Strukturwandel. Vor allem das System der Selbstbedienung, das sich zuerst im Lebensmitteleinzelhandel durchgesetzt hatte, erlaubte eine starke Rationalisierung. Neue Betriebsformen wie Discount – Läden und Verbrauchermärkte entstanden. Der Wettbewerb ist dadurch noch intensiver geworden, die Gewinnmagen entsprechend kleiner. Den Vorteil hat der Kunde: niedrige Preise und groβes Sortiment.

(参考译文)

德国的商业

几十年来,德国的商业在总增值中约占 10%。如今,将近 500 万人在大约 620 000 个德国商业企业中工作。这等于德国每 8 个就业者中就有 1 人在商业部门。尽管德国的商业曾有过比较集中的过程,但经济这一领域始终还是以中等企业为主。所有商业企业中,大约有一半企业就业人员不超过两人。10 家企业中有 9 家的职工不到 10 人。通常业主及其家属也包括在内。

● 批发业:批发企业向转售商、精加工者或手工业用户提供制造商的或国际市场的货物。他们大批量地购进商品,然后小批量地售出。批发商将非耐用及耐用的日用品首先供应给零售商。1949 年批发商的营业额为 500 亿马克,1995 年将近 1.1 兆亿马克。目前德国约有

118 000家批发商。

● 零售商:最近几十年内零售业发生了深刻的结构变化。首先是在食品零售业中实行的自选式售货系统带来了高度的合理化。新的销售形式,如廉价商店和消费者市场相继出现。竞争因此加剧,利润相应降低。顾客得到的好处是:价格低廉,品种齐全。

第十二课 LEKTION 12

Hören : Fernsehen　看电视
Weltausstellung EXPO 2000 in Deutschland
2000 年德国世界博览会
Text : Ein vielseitiger Helfer
Grammatik : 1. 第二虚拟式
2. 并列连词 und, oder, aber, denn, sondern, nicht nur…sondern auch, sowohl …als auch, entweder…oder, weder…noch, deshalb
Lesetext : Telekommunikation 电信

Hören

Fernsehen　看电视

In einem Zimmer im Studentenwohnheim.

■ (klopft)

□ Ja, herein. Ach du bist es!

■ Kommst du mit in den Gemeinschaftsraum? Ich möchte mal sehen, was in den Nachrichten kommt.

□ Ja, warum nicht? Wie spät ist es? Ach, es ist ja schon kurz nach sechs.

■ Schade, wir haben die “Tagesschau” gerade verpasst. Und die nächsten Nachrichten kommen erst wieder in einer Stunde auf dem zweiten Programm.

□ Und in den anderen Programmen?

■ Ich weiß nicht. Laß uns mal in eine Programmzeitschrift gucken!

□ Mensch, es gibt ja so viele Kanäle! RTL, Sat 1, Pro 7 und noch mindstens 20 andere. Man verliert völlig den Überblick!

■ Wie wär's mit einem Nachrichtensender? Der bringt Nachrichten rund um die Uhr.

□ Gute Idee. Aber eigentlich finde ich das Fernsehprogramm der öffentlich-rechtlichen Sendungen besser, weil die nicht so stark von Werbung und Einschaltquoten abhängen. Bei den privaten Kanälen laufen doch nur Sexfilme, Talkshows und Seifenopern.

■ Aber, nun übertreib? mal nicht! CNN und NTV sind auch privat. Und die sind doch gar nicht so schlecht.

□ Die Ausnahme bestätigt die Regel. Aber wirklich gute internationale Sender wie Arte und 3 Sat sind öffentlich-rechtlich. Aber das ist natürlich alles Ansichtssache. Du wolltest doch eigentlich Nachrichten gucken. Ich komme auch mit.

■ Ja, genug geredet. Gehen wir in den Gemeinschaftsraum. Gucken wir mal im Videotext, was es Neues gibt und vielleicht läuft heute auch noch ein guter Film.

□ Ja, mal sehen.

在学生宿舍的某一个房间。

■ (敲门)

□ 请进,你呀!

■ 我们一起去活动室好吗? 我想看一下有什么新闻。

□ 好,为什么不去呢? 几点钟啦? 刚过 6 点钟。

■ 可惜,刚错过了"新闻联播"节目。下一次新闻节目 1 个小时后在第 2 套节目中才重播。

□ 其他频道中没有吗?

■ 我不知道。我们翻一下收视指南杂志!

□ 天啦,怎么有这么多电视频道! RTL, Sat 1, Pro 7 至少还有 20 多个其他频道。简直是看不过来了!

■ 我们来看一下新闻台怎么样? 新闻台 24 小时滚动播新闻。

□ 好主意。本来我就认为客观公正的电视节目要好一些,因为不受广告和收视率的太大影响。可私人电视台放的尽是些色情片、脱口秀和肥皂剧。

■ 你是否太夸张了点? 别这样说,CNN 和 NTV 也是私营的,这些电视台的节目并不差。

□ 当然也有例外。可是真正好的国际台,像 Arte 和 3 Sat 的节目都是客观公正的。这当然是个人的观点。你想看新闻,我也愿随同。

■ 好啦,不说了,我们去活动室。我们看一下图文台,看看有什么新闻,也许今天还有一部好片子呢。

□ 好,那我们就看一下吧。

Weltausstellung EXPO 2000 in Deutschland 2000年德国世界博览会

Vom 1. Juni bis zum 31. Oktober 2000 wird in Hannover die Weltausstellung EXPO 2000 statt finden. Das Thema lautet "Mensch – Natur – Technik" und ist Ausdruck dafür, dass die Weltausstellung Forum für den weltweiten Dialog über die globalen Herausforderungen des 21. Jahrhunderts sein soll. Es wird – seit der ersten Weltausstellung der "Great Exhibition" von 1851 im Londoner Kristallpalast – die erste Veranstaltung dieser Art in Deutschland sein. Die Nationen und großen internationalen Organisationen setzen große Hoffnungen in die erste Weltausstellung, die mit einem für alle Teilnehmer verbindlichen inhaltlichen Konzept arbeiten wird. Damit werden die Teilnehmer zu Mitwirkenden.

Sie versprechen sich eine große Zusammenschau der Ideen und Objekte, der Träume und Hoffnungen, der Fragen und Antworten, welche die Menschen am Beginn des neuen Zeitalters bewegen, in dem die Nationen mehr denn je erkannt haben, dass es eine einzige Welt ist, auf der die Menschheit lebt.

Mit dem Thema "Mensch – Natur – Technik" wird die Weltausstellung in den Mittelpunkt einer Neuorientierung über die globalen Lebens – und Entwicklungsbedingungen in der Welt gestellt.

世界展览会 EXPO 2000 将于 2000 年 6 月 1 日至 10 月 31 日在汉诺威举行。展览会的主题是"人—自然—技术"。它表明,这届世界展览会应该成为全世界范围内对 21 世纪提出的全球性挑战的对话的讲坛。它将是自 1851 年伦敦水晶宫的第一届世界展览会那个"大展"以来,在德国举办的第一个此类活动。

一些国家和大型国际组织,对这个与所有参加者内容相关的世界展览会寄予厚望。这样,参加者将成为本次展览会的共同参与者。他们期待将展览会办成一个在新纪元开始时激起人们思考的观念和对象、梦想和希望、问题和答案的展览。在这个新的纪元中,各国人民比以往任何时候都更加清楚地认识到人类赖以生存的世界只有一个。

主题为"人—自然—技术"的这个世界展览会将成为世界重新对全球性的生活和发展条件定向的中心点。

Text

Ein vielseitiger Helfer

Das Fernsehen nimmt im Leben vieler Menschen einen festen Platz ein. Wenn es kein Fernsehen gäbe, sähe unsere Gesellschaft anders aus. Die Bilder von den neuesten Weltereignissen könnten nicht zu uns ins Wohnzimmer kommen, ein Berliner könnte nicht so einfach ein Münchner Theaterstück sehen, internationale Fuβballspiele hätten kein Millionenpublikum, und die groβen Politiker wären für uns relativ unbekannte Personen. Clintons Besuch in Bejing und Shanghai hätten wir nicht miterleben können, und die amerikanischen Raumfahrer hätten den Mond allein, ohne Zuschauer betreten. Die Kriege in aller Welt hätten uns nicht so erschüttert, weil wir sie nicht mit eigenen Augen gesehen hätten.

Auch wären viele technische Entwicklungen ohne Fernsehen unmöglich geblieben. Automatisierte Produktionsprozesse lieβen sich dann nämlich nicht kontrollieren und überwachen. Wie sollte z. B. die Werkzentrale ein automatisches Flieβband überwachen, wenn es kein Fernsehen gäbe? Den Wunsch, das Ganze zu überblicken, konnte erst die Fernsehkamera erfüllen. Es gibt Arbeiten, die für den Menschen gefährlich sind. Sehr oft sind es Staub und Hitze, die Beobachtungen erschweren oder verhindern. Auch hier hilft die Fernsehkamera. Und wie könnten radioaktive Elemente in einem Atomreaktor ausgewechselt werden, wenn wir keinen künstlichen Arm: den Roboter, und kein künstliches Auge: das Fernsehen hätten?

Ebenso ist die Fernsehkamera unter Wasser sehr nützlich. Der Mensch kann nur etwa 100 m tief tauchen. Wie könnte man also ohne Fernsehkamera in einigen tausend Metern Tiefe Aufnahme machen? Welcher Mensch könnte tage – und wochenlang ununterbrochen unter Wasser bleiben? Ohne Fernsehen wären uns viele Geheimnisse dieser Welt verbergen geblieben.

Aber auch im täglichen Leben ist das Fernsehen nützlich, z. B. für die Polizei. Sie kann nicht jederzeit überall sein. Wenn sie nicht die Straβen und Autobahnen teilweise auf Bildschirmen beobachten, könnte die Polizeizentrale ihren Verkehrspolizisten nicht über Sprechfunk mitteilen, wohin sie den Verkehr umleiten und wie sie ihn am besten lenken sollen.

Und viele kleine Kaufhausdiebe hätten eine Flasche Schnaps unbemerkt im Mantel verschwinden lassen , wenn sie nicht von der Videokamera gesehen worden wären.

Wenn es kein Fernsehen gäbe, sähe unsere Gesellschaft anders aus.

Vokabeln

	vielseitig		多方面的
das	Fernsehen		电视
das	Weltereignis	-se	世界大事
das	Publikum		观众,听众
	amerikanisch		美国的
der	Raumfahrer	-	宇航员
der	Zuschauer	-	观众
der	Krieg	-e	战争
	automatisieren *vt.*		使得现代化
der	Prozess	-e	过程,诉讼
	überwachen *vt.*		监视,观察
das	Fließband	¨-er	流水线
das	Ganze		全部,全局
	erfüllen *vt.*		满足,完成
der	Staub		灰尘
	radioaktiv		放射性的
der	Atomreaktor	-en	原子反应堆
	künstlich		人造的
	nützlich		有益的
die	Aufnahme	-n	摄影
	tagelang		几天之久
	ununterbrochen		不间断的
	verbergen *vt.*		隐藏
der	Bildschirm	-e	荧光屏
der	Sprechfunk		对讲机
	um/leiten *vt.*		疏导
der	Dieb	-e	小偷
das	Steak	-s	牛排
	verschwinden* *vi.*		消失

der	Helfer	-	助手,帮手
	ein/nehmen* *vt.*		占有,服药
	aus/sehen* *vi.*		看上去,好像
das	Theaterstück	-e	戏剧,剧本
der	Politiker	-	政治家
	mit/erleben *vt.*		共同经历
der	Mond		月亮
	betreten* *vt.*		踏上,登上
	erschüttern *vt.*		震动
	kontrollieren *vt.*		控制,检查
	automatisch		自动的
	überblicken *vt.*		观看
	gefährlich		危险的
die	Hitze		炎热
	erschweren *vt.*		使困难
das	Element	-e	元素,元件
	aus/wechseln *vt.*		更换
der	Arm	-e	臂
	tauchen *vi.*		潜水
die	Tiefe		深度
	wochenlang		几周之久
das	Geheimnis	-se	秘密
	teilweise		部分地
der	Verkehrspolizist	-en	交通警察
	mit/teilen *vt.*		通知
	lenken *vt.*		操纵
der	Schnaps	¨-e	烧酒
	unbemerkt		未被发现
die	Videokamera	-s	摄像机

Texterläuterungen

1. einen festen Platz einnehmen　占有固定位置。
2. Ohne Fernsehen wären uns viele Geheimnisse dieser Welt verbergen geblieben.　没有电视，世界上许多秘密我们就无法知道。
3 …mitteilen, wohin sie den Verkehr umleiten und wie sie ihn am besten lenken sollen. ……通知他们让车辆往哪儿绕行以及怎样最好地疏导交通。
4. Und viele kleine Kaufhausdiebe hätten eine Flasche Schnaps oder ein Steak unbemerkt im Mantel verschwinden lassen können, wenn sie nicht von der Videokamera gesehen worden wären.　如果没有被电视摄像机监控，很多商店里的小偷就会把一瓶白酒或一块肉排偷偷地藏入大衣内而不被人发现。

Grammatik

G1. 第二虚拟式

德语的语意有三种表达方式：

(1) 直陈式：表示动作确实发生。

(2) 命令式：表示命令、请求。

(3) 虚拟式：表示主观愿望、想像或假设。

德语的虚拟式有第一虚拟式和第二虚拟式。

1) 第二虚拟式的构成。

第二虚拟式是由直陈式过去时变来的。

人称	弱变化动词 sagen	强变化动词 fahren	werden	haben	sein	können	sollen	人称词尾
ich	sagte	führe	würde	hätte	wäre	könnte	sollte	– e
du	sagtest	führest	würdest	hättest	wärest	könntest	solltest	– est
er/sie/es	sagte	führe	würde	hätte	wäre	könnte	sollte	– e
wir	sagten	führen	würden	hätten	wären	könnten	sollten	– en
ihr	sagtet	führet	würdet	hättet	wäret	könntet	solltet	– et
sie/Sie	sagten	führen	würden	hätten	wären	könnten	sollten	– en

(1) 弱变化动词以及 wollen, sollen 的第二虚拟式与直陈式的过去时完全一样。

(2) 强变化动词的第二虚拟式是由动词过去时词干加虚拟式词尾构成。若词干中有元音 a, o, u 时须变音为 ä,ö,ü。

(3) können, dürfen, müssen 的第二虚拟式须保留其变音,如:

können — könnte　　dürfen — dürfte　　müssen — müβte

(4) 在复合谓语中,只有助动词用虚拟式:

er hätte…gesagt (完成时)

er wäre…gekommen (完成时)

er würde…kommen (现在时/将来时)

(5) 虚拟式应可以看得出来,因此当动词的虚拟式形式与直陈式的过去时相同时,就用"würde + 不定式"来代替。

2) 时态。

第二虚拟式包括过去时虚拟式和过去完成时虚拟式。

(1)用过去时虚拟式表达现在或将来的时间概念。如:

直 陈 式	第二虚拟式
Wenn ich Zeit habe, gehe ich heute abend ins Kino.	Wenn ich Zeit hätte, ginge ich heute abend ins Kino. Wenn ich Zeit hätte, würde ich heute abead ins Kino gehen.

(2)用过去完成时虚拟式表达已过去的时间概念。如:

直 陈 式	第二虚拟式
Ich kam.	Ich wäre gekommen.
Ich bin gekommen.	
Ich war gekommen.	

3) 用法。

(1) 表示一种非现实的情况。

非现实条件句见下表:

条件句	非现实条件句
a. Wenn ich nach Berlin komme, besuche ich ihn. 如果我去柏林,就会去看他。 (可能性很大)	a. Wenn ich nach Berlin käme, würde ich ihn besuchen. Käme ich nach Berlin, würde ich ihn besuchen. 假如我去柏林,就去看望他。 (可能性不大)

条件句	非现实条件句
b. Als ich vorgestern nach Berlin kam, besuchte ich ihn. 我前天去柏林时拜访了他。 (已经发生)	b. Wenn ich vorgestern nach Berlin gekommen wäre, hätte ich ihn besucht. Wäre ich vorgestern nach Berlin gekommen, hätte ich ihn besucht. 假如我前天去了柏林,就会去看他了。 (根本没有发生)

【注】非现实条件句中也可省略引导词 wenn, 将随人称变化的谓语部分放在句首。

非现实愿望句见下表:

真实情况	非现实愿望句
a. Meine Mutter ist nicht gesund. 我母亲身体不好。	a. Wenn meine Mutter nur gesund wäre! Wäre meine Mutter nur gesund! 要是我母亲身体健康,那就好了!
b. Er kam gestern nicht. 他昨天没来。	b. Wenn er gestern doch gekommen wäre! Wäre er gestern doch gekommen! 要是他昨天来就好了!

【注】非现实愿望句中常用副词 doch, nur 来加强虚拟语气。

非现实比较句见下表:

真实情况	非现实比较句
Er spricht Deutsch wie ein Deutscher. 他德语讲得和德国人一样。	Er spricht Deutsch, als ob (als wenn) er ein Deutscher wäre. Er spricht Deutsch, als wäre er ein Deutscher. 他德语说得就好像他是德国人似的。

非现实陈述句见下表:

真实情况	非现实陈述句
a. Er kauft diese Uhr. 他买这块表。 b. Er kaufte diese Uhr. Er hat diese Uhr gekauft. 他买了这块表。	a. Ich würde diese Uhr nicht kaufen. 要是我的话,我就不会买这块表。 b. Ich hätte diese Uhr nicht gekauft. 要是我的话,我就不会买下这块表。

(2) 第二虚拟式常用于客套句中,表示婉转的请求或提问。

例:Könnte ich bitte Herrn Müller sprechen?　我可以和米勒先生通话吗?

Ich hätte eine Bitte… 我有一个请求……

So wäre es vielleicht besser! 这样也许更好!

Dürfte ich noch eine Frage stellen?　我可以再提一个问题吗?

G2. 并列连词 und, oder, aber, denn, sondern, nicht nur…sondern auch, sowohl…als auch, entweder…oder, weder…noch, deshalb

1) und 和,同,并,以及,而。

例:Ich frage ihn, und er antwortet.　我问他,他回答。

Er liest die Zeitungen, und ich höre die Musik.　他看报,我听音乐。

2) oder 或,还是。

例:Kommst du zu mir, oder gehe ich zu dir?　是你来我这儿,还是我去你那儿?

Wir fahren mit dem Bus, oder wir gehen zu Fuß in die Stadt.　我们乘公共汽车或步行进城。

3) aber 但是,然而,而。

例:Er ist krank, aber er geht noch zur Arbeit.　他病了,但仍然去上班。

Frau Käpler ist zwar über 80 Jahre alt, aber sie ist noch rüstig.　凯普勒太太虽然年过80,可她还是很有精神。

4) denn 因为。

例:Sie lag im Bett, denn sie war krank.　她躺在床上,因为她病了。

Ich kaufe kein Auto, denn ich habe kein Geld.　因为没钱,我不买汽车。

5) sondern 而,却。

例:Er schreibt nicht, sondern (er) hört die Musik.　他不写字,而在听音乐。

Meine Tochter isst keine Speise, sondern (sie) trinkt die Milch.　我女儿不吃饭,光喝牛奶。

6) nicht nur…sondern auch 不仅……而且。

例:Ich kann nicht nur Deutsch lesen, sondern (ich) spreche auch gut Deutsch. 我不仅能看懂德语,而且德语说得也很好。

Meine Mutter brachte mir nicht nur Wintersachen, sondern auch gutes Essen.　母亲不仅给我带来冬衣,而且也给我带了好吃的。

7) sowohl… als auch 既……也……,(als 也可换成 wie)。

例:Sowohl Inge als auch Peter lernen sehr fleißig.　英格和彼得学习都很用功。

Mein Kind trinkt sowohl Milch als auch Saft.　我孩子既喝牛奶也喝果汁。

8）entweder…oder 不…… 就……，要么……要么。

例：Herr Li ist in dieser Zeit entweder im Büro，oder zu Hause　李先生这时候不在办公室就在家。

Entweder wir besuchen euch，oder ihr kommt zu uns.　不是我们去看你们，就是你们到我们这儿来。

9）weder…noch 既不……也不……。

例：Er ist weder zu Hause noch im Büro.　他既不在家也不在办公室。

Weder Herr Müller noch seine Frau war mal in China.　无论是米勒先生还是他太太都未曾到过中国。

10）deshalb 因此。

例：Er ist krank，deshalb kommt er nicht zur Arbeit.　他病了，因此他没来上班。

Sie wollen nach Deutschland fahren，deshalb wollen sie Deutsch lernen　他们想去德国，因此他们要学德语。

Übungen

Ü1．将所给的动词变为虚拟式形式填入句中

（1）Wenn Hans das Abitur ________ ________(haben，bestehen)，________(sein) sie zur technischen Hochschule ________（gehen）.

（2）Mein Kind，wenn du noch etwas fleißiger ________(sein)！

（3）________（werden）Sie so freundlich sein，mir zu helfen！

（4）Wenn du nur früher gekommen ________(sein)，dann ________(haben) du ihn noch ________（treffen）.

（5）Ich ________（haben）beinahe ________(vergessen)，deine Bücher mitzubringen.

（6）Wenn es keine Uhr ________(geben)，________(werden) alles durcheinander.

（7）Das Kind fragt，warum er nicht ________（dürfen mitkommen）.

（8）Wenn er pünktlich ________(kommen)，________(beginnen) wir mit der Arbeit.

（9）Wenn Inge ________(schreiben)，________(werden) ich sofort antworten.

（10）Wenn ich genug Geld ________(haben)，________(kaufen) ich einen Computer.

Ü2．将下列句子改为非现实条件句

(1) Ich habe Zeit. Ich besuche dich.
(2) Das Wetter ist schön. Wir machen einen Ausflug.
(3) Der Computer war teuer. Ich konnte ihn nicht kaufen.
(4) Er hat meinen Freund nicht gekannt. Er hat ihn nicht zur Party eingeladen.
(5) Sie hat meine Anschrift vergessen. Sie hat mir nicht geschrieben.
(6) Ich werde mich freuen. Du besuchst am Sonntag.
(7) Er kommt nicht pünktlich zum Bahnhof. Wir können den Zug erreichen.
(8) Er spricht viel Deutsch. Er darf in Deutschland studieren.

Ü3. 用所给的连词将下列句子连起来

(und, oder, aber, denn, sondern, nicht nur...sondern auch, sowohl...als auch, weder...noch, entweder...oder)

(1) Sie holt Wasser.
Sie will ihre Tochter waschen.
(2) Lesen Sie die Zeitung?
Übersetzen Sie den Text?
(3) Der Dozent ist im Büro.
Der Dozent ist im Lesesaal.
(4) Sie hilft den Studenten.
Sie hilft den Schülern.
(5) Wir wollen den Lehrer besuchen.
Er will seine Hausaufgaben machen.
(6) Er kauft keine Zeitung.
Er kauft keine Zeitschrift.
(7) Er darf nicht lange arbeiten.
Er ist alt.
(8) Er kann Deutsch nicht lesen.
Er kann Deutsch nicht schreiben.
(9) Inge lernt Chinesisch.
Hans lernt Chinesisch.
(10) Ich habe heute die Wörter wiederholt.
Ich habe die Grammatik wiederholt.
(11) Ich verstehe den Text nicht.
Ich frage den Lehrer.

Ü4. 填入合适的连词

(1) Er geht nicht ins Kino, ________ er hat Besuch.
(2) Wir tanzen heute, ________ wir hören Musik.
(3) Ich habe ________ die Wörter gelernt, ________ die Übungen gemacht.

(4) Er las nicht, ________ er übersetzte den Text.
(5) ________ Inge ________ Hans kommen aus Hamburg.
(6) ________ ich besuche meine Eltern, ________ sie kommen zu mir.
(7) Frau Li ist ________ zu Hause ________ im Büro.
(8) Heute ist es kalt, ________ bleibe ich zu Hause.
(9) Sie ist krank, ________ sie geht noch zum Unterricht.
(10) Ich frage die Lehrerin, ________ ich verstehe die Grammatik nicht.

Ü5. 将下列句子译成德语

(1) 假如我去北京,就去看望我的朋友。
(2) 我要是有钱就买一台电脑。
(3) 电视在孩子们的生活中占有重要位置。
(4) 要是没有电视,我们就无法看到国际足球赛。
(5) 高新技术的发展没有计算机也是不可能的。
(6) 警察利用电视来疏导交通。
(7) 我不会翻译这篇文章,你能帮助我吗?
(8) 老师今天不仅讲解语法,而且也读了课文。
(9) 汉斯不在家就在图书馆。
(10) 他既不会说德语也不会讲英语。

Lesetext

Telekommunikation

Mit einem neuen Besucherrekord ging die CeBIT 98, die größte Computermesse der Welt, in Hannover zu Ende. Rund 670 000 Besucher testeten neue Soft – und Hardware, ließen sich in die Geheimnisse des Electronic Business oder des Network Computing einführen und informierten sich über innovative Produktideen aus der Informations – und Telekommunikationstechnik. Siemens stellte als Weltneuheit sein "Fingertiphandy" vor. Um das Mobiltelefon freizuschalten, genügt es, den Finger in eine Mulde des Handy zu legen, in der sich ein Mikrochip mit 65 000 Sensorelementen befindet. Dieser Sensor erfasst die Details der Fingerkuppe und leitet das Bild als digitalen Datensatz an einen Rechner weiter.

Der wiederum vergleicht die Daten mit einem vorher gespeicherten Fingerabdruck. PIN – Nummern werden so überflüssig. Noch ist das Handy ein Prototyp; da der Sensor jedoch kostengünstig produziert werden kann, glaubt Siemens an den baldigen Durchbruch der Fingertip – Technik. Und das nicht nur bei Mobiltelefonen, sondern auch bei Geld – und Kreditkarten.

(参考译文)

电　信

世界上最大的计算机博览会 CeBIT 98 以新的参观人次记录在汉诺威降下帷幕。大约 67 万人测试了新的软件和硬件,接受窥测电脑商务以及电脑网络方面的入门指点,了解了信息技术与电信技术方面的革新产品想法的情况。西门子公司展出了世界新奇事物"手指示意移动电话"。如果想接通移动电话,只需将手指按到电话机的一个凹处即可,那里有一个由 65 000 个传感元件组成的微型芯片。传感器接收指尖的细节,并将它们作为数字式的数据组传给计算机,计算机将这些数据和一个预先存入的指纹进行比较。这样,私人密码就变成多余的了。目前,这样的移动电话机还只是一台样机。但是,由于传感器可以降低成本生产,所以西门子公司相信,不久手纹技术就会有突破,不仅在移动电话方面,而且在提款卡和信用卡方面也是如此。

durch eine Brücke oder einen Damm mit diesem zu verbinden sind. Und das hat man auch getan. So wurde aus Inseln Halbinseln, oder sagen wir besser, halbe Inseln, die Deutschland vorzuweisen hat. Eine, die mutig weit draußen im Meer liegt, ist Helgoland. Das mag auch der Grund sein, weshalb sie, wie keine andere deutsche Insel, von den Dichtern besungen wurde. Aber von Helgoland soll hier nicht die Rede sein, sondern von Rügen.

Ich kam in Sellin bei Regen an. Doch Rügen im Regen hat durchaus auch seine Reize. In dem kleinen Ort am Meer sind diese Reize allerdings auf eine einzige Straße konzentriert; sie heißt Wilhemstraße und führt vom Dorfzentrum in gerader aufsteigender Linie zum Strand, genauer, an den Rand der Steilküste. Dort steht man dann, von Wind und Regen zerzaust, und schaut auf die neue Seebrücke, die eben erst fertiggestellt wurde. Die alte Brücke war im Winter 1941—1942 von starkem Eisgang zerstört worden. Den Steg hat man jetzt um 180 Meter ins Meer hinaus verlängert, so dass auch Ausflugsdampfer an – und ablegen können. Hell erleuchtet lädt das Brückenhaus mit seinen historischen Türmchen ein, damit man seinen Nachmittagstee dort einnehmen möge.

这里说的是德国的岛屿。其实,这些根本就算不上是岛屿。无论是吕根岛、乌泽多姆岛、费马恩岛还是济耳特岛,所有这些统统都不是真正的岛屿。那么真正的岛屿有何特征呢?也就是说,人们只能从水路或空中到达那儿。而以上所提到的岛屿,是德国最大的岛屿,却可以开汽车或坐火车去。这些岛紧挨着陆地,只需用桥梁或堤坝就能毫无问题地把它们连在一起了。人们也确实是这么做的。于是,这些岛就成了半岛,或者说得更确切一点,成了半个岛。德国惟一能够拿得出来的真正的岛,也就是说富于冒险精神的、勇敢地屹立在遥远的大海之中的岛,是赫尔果兰岛。这或许是为什么没有任何其他的德国岛屿像它这样多的被诗人讴歌的缘故。这里要说的并不是赫尔果兰岛,而是吕根岛。

我冒雨到了塞林。雨中的吕根岛也充分显示出了它的魅力。在位于海滨的这个小地方,惟一魅力自然是集中地体现在这儿惟一的一条街上。它叫威廉街,从村子的中心直通海滩,准确地说，是通向陡峭的海岸边缘。站在那儿，被风雨吹乱了头发，眺望着刚刚竣工的新的海滨大桥，老桥在 1941—1942 年的冬天被巨大的流动冰块摧毁了。如今，人们让桥向海中延伸了 180 米，以便旅游船可以在那儿停泊和起航。桥上的那栋房子带有具有历史意义的小塔楼。它灯火辉煌，邀请人们去那儿饮用午后茶。

Text

Leben in der Stadt oder auf dem Land?

Kürzlich habe ich in der Stadt einen alten Bekannten getroffen, den ich schon lange nicht mehr gesehen hatte. Er erzählte mir, er habe seine Wohnung in der Großstadt aufgegeben und sei mit seiner Familie in ein benachbartes Dorf gezogen. Was denn am Leben auf dem Land so attraktiv sei, wollte ich wissen. "Ist es nicht wunderbar, am Morgen vom Vögelgesang im Garten geweckt zu werden und am Abend nach der Arbeit noch einen gemütlichen Spaziergang durch den Wald hinter dem Haus zu machen?" fragte er mich. Wo ich wohne, sehe ich am Abend in den anderen Wohnungen meines Wohnblocks höchstens das Geflimmer der "Sportschau" im Fernsehen, wenn ich zum Fenster hinausschaue!

Mein Bekannter ist mittlerweile ein überzeugter Dorfbewohner. In der Stadt könne man die Kinder nicht ohne Aufsicht lassen, wenn sie auf die Straße gingen, meinte er, die Spielplätze seien total verschmutzt, und wenn die Kinder Freunde besuchen wollten, müsse man immer Chauffeur spielen. "Im Dorf kann man sie frei laufen lassen! Den ganzen Tag können sie draußen radfahren, oder im Wald Indianer und Cowboy spielen. Und am Abend sind sie müde und wollen nicht noch stundenlang fernsehen."

Für das Leben auf dem Land gibt es sicher noch viele Argumente, z. B. dass die Wohnungsmieten billiger sind, dass es mehr frische Luft und weniger Verkehrslärm gibt und dass man viele Leute kennt.

Wenn ich mir das aber genau überlege, möchte ich doch nicht tauschen. Ich bin nicht verheiratet. Um mich kümmert sich niemand, niemand guckt mir in den Kochtopf, wenn ich am Abend nicht zu Hause bleiben will. In der Stadt gibt es Theater und Kinos und jede Menge Kneipen, wo ich mich mit Bekannten treffen kann, wann immer ich will.

Ich bleibe doch lieber in meiner Betonburg!

Vokabeln

	kürzlich	最近的		benachbart	邻近的
	auf/geben* *vt*	放弃		attraktiv	吸引人的，有魅力的
	ziehen* *vi*	搬家，拉，穿	der	Vogelgesang ¨e	鸟语，鸟的鸣唱
	wunderbar	值得奇怪		wecken *vt*.	唤醒
der	Garten ¨	花园	der	Spaziergang ¨e	散步
der	Wohnblock	住宅区	das	Geflimmer	(不断)闪烁
die	Sportschau	体育新闻		hinaus/schauen *vi*.	往外看
der	Bekannte –n	熟人		mittlerweile	在这期间，当时
	überzeugt	有坚定信念的	der	Dorfbewohner –	乡村居民
der	Spielplatz ¨e	儿童乐园		total	全部的，完全的
	verschmutzen *vt*.	污染，弄脏	der	Chauffeur –	司机
	draußen	外面		rad/fahren* *vi*.	骑车
der	Indianer –	印第安人		Cowboy	牛仔
	fern/sehen* *vi*.	看电视	das	Argument –e	论据，理由，论证
sich	verheiraten	结婚		sich kümmern um A.	关心，照顾，照料
	gucken *vi*.	瞧，瞅，望	der	Kochtopf ¨e	锅
die	Kneipe –n	小酒馆	die	Betonburg –en	混凝土城堡

Texterläuterungen

1. zum Fenster hinausschauen　从窗子往外看。
2. Um mich kümmert sich niemand, niemand guckt mir in den Kochtopf, wenn…没人来关心我，没人给我留吃的，……

Grammatik

G1. 第一虚拟式

1) 第一虚拟式的构成。

第一虚拟式是由直陈式现在时变化而来的。其变化如下表所示：

人称	弱变化动词 sagen	强变化动词 fahren	werden	haben	sein	können	sollen	词尾
ich	sage	fahre	werde	habe	sei	könne	solle	– e
du	sagest	fahrest	werdest	habest	seiest	könnest	sollest	– est
er/sie/es	sage	fahre	werde	habe	sei	könne	solle	– e
wir	sagen	fahren	werden	haben	seien	können	sollen	– en
ihr	saget	fahret	werdet	habet	seiet	könnet	sollet	– et
sie/Sie	sagen	fahren	werden	haben	seien	können	sollen	– en

(1) 强变化动词的第一虚拟式词干不变音。

直陈式现在时：Du fährst nach Bonn. Frau Li fährt nach Hamburg.

第一虚拟式：Du fahrest nach Bonn. Frau Li fahre nach Hamburg.

(2) sein 的变化不规则。

例：Er sei Student. Ihr seiet Studenten.

(3) 复合谓语中，只有助动词用虚拟式。

例：Er habe Englisch gelernt.

Sie sei aus Japan gekommen.

Er werde einen Urlaub machen.

(4) 当第一虚拟式的形式与直陈式的现在时相同时，可用第二虚拟式代替第一虚拟式。

例：Ich falle ins Wasser.

Ich würde ins Wasser fallen.

2) 第一虚拟式的时态。

第一虚拟式的时态有现在时、将来时和完成时，没有过去时和过去完成时的形式。

直陈式	第一虚拟式	所用时态
Hans fährt.	Hans fahre.	现在时
Hans wird fahren.	Hans werde fahren.	将来时
Hans fuhr.		
Hans ist/war gefahren.	Hans sei gefahren.	完成时
Hans sagte.		
Hans hat/hatte gesagt	Hans habe gesagt.	完成时

3) 第一虚拟式的用法。

第一虚拟式主要用于间接引语，表示纯客观地转述他人的原话。

直接引语	间接引语
Sie sagte :"Ich bin krank." 她说:"我(现在)病了。"	Sie sagte, sie sei krank./, dass sie krank sei. 她说,她病了。
Sie sagte:"Ich war krank." "Ich bin krank gewesen." "Ich war krank gewesen." 她说:"我当时病了。"	Sie sagte, sie sei krank gewesen./, dass sie krank gewesen sei. 她说,她当时病了。
Sie sagte:"Ich werde mitkommen." 她说:"我将一起来。"	Sie sagte, sie werde mitkommen./, dass sie mitkommen werde. 她说,她将一起来。
Er fragte sie:"Kommst du mit?" 他问她:"你一起来吗?"	Er fragte sie, ob sie mitkomme. 他问她是否一起来。
Er fragte mich:"Wann kommst du?" 他问我:"你什么时候来?"	Er fragte mich, wann ich käme/kommen würde. 他问我什么时候来。
Er sagte zu seiner Tochter:"Geh ins Bett!" 他对女儿说:"去睡觉吧!"	Er sagte zu seiner Tochter, sie solle/möge ins Bett gehen. 他对女儿说,她该去睡觉了。

【注】① 直接引语转间接引语时标点符号须变换,冒号和引号去掉,改成逗号。

② 间接引语可用连词 dass 导出,也可不带连词按正常语序排列。

③ 人称代词、物主代词有时要做相应变化,如:ich→er, Sie,du→ich 等。

④ 直接引语如果是无疑问词的问句,变成间接引语时,用连词 ob 导出。

⑤ 直接引语若是命令句,变成间接引语时,可改用情态动词 sollen 或 mögen 的虚拟式,表示命令语气。

⑥ 间接引语原则上用第一虚拟式表示,当其与直陈式现在时形式相同时,亦可改用第二虚拟式。

4) 第一虚拟式还可用来表示强烈的愿望和良好的祝愿。

例:Es lebe die Freundschaft zwischen China und Deutschland! 中德友谊万岁!

Möge es Ihnen gelingen! 祝您成功!

Möge das neue Jahr Ihnen Gesundheit und Glück bringen! 祝愿您新年健康幸福!

G2. 构词法

德语的构词法有复合法、派生法、转类法和缩减法。

1) 复合法。

复合词前后两个部分,前一部分为限定词,后一部分为基本词,限定词说明基本词。复合词有名词、形容词和动词等。

(1) 复合名词的构成。

复合名词以"名词+名词"、"形容词+名词"、"动词+名词"构成的居多。

a. 名词+名词

限定词可以表示:

材料: Glaskugel 玻璃球(Kugel, die aus Glas besteht)

Metallgehäuse 金属壳(Gehäuse, die aus Metall)

内容: Golderz 金矿(Erz, das Gold enthält)

归属: Staatschule 国立学校(Schule, die dem Staat gehört)

地点: Feldarbeit 田间劳动(Arbeit auf dem Feld)

时间: Wintersemester 冬季学期(Semester im Winter)

方法: Wasserkühlung 水冷却(Kühlung durch Wasser)

比较: Eisenholz 硬木(das Holz ist so hart wie Eisen)

目的: Werkzeugstahl 工具钢(Stahl, der für Herstellung von Werkzeugen eingesetzt wird)

b. 形容词+名词

限定词一般表示性质、内容等。

die Privatschule 私立学校(die private Schule)

der Schnellzug 普通快车(der schnelle Zug)

die Groβstadt 大城市(die groβe Stadt)

das Kleingeld 硬币(das kleine Geld)

c. 动词+名词

限定动词可表示目的、行为和结果等。

die Waschmaschine 洗衣机(Maschine zum Waschen)

das Fahrrad 自行车(das Rad, mit dem fahren)

das Hackfleisch 肉末(das Fleisch, das gehackt worden ist)

der Schreibtisch 写字桌(der Tisch, auf dem schreiben)

(2) 复合形容词的构成。

复合形容词以"名词+形容词"、"动词+形容词"、"形容词+形容词"的情况居多。在科技术语中"名词、形容词+分词"的使用情况也很普遍。

a. 名词+形容词

限定词是基本词的介词短语。

weltbekannt 举世闻名的(bekannt in der Welt) ölarm 贫油的(arm an Öl)

luftgekühlt 空气冷却的(gekühlt durch Luft) feuerfest 耐火的(fest gegen Feuer)

handgesteuert 手操纵的(gesteuert mit der Hand)

限定词是基本词的主语。

augenkrank 患眼病(Die Augen sind krank.) schneeweiß 雪白(Der Schnee ist weiβ)

leistungsstark 功率强的(Die Leistung ist stark.)

b. 形容词+形容词

dunkelblau 深蓝 rosarot 玫瑰红 neureich 新发迹的

– ung die Erklärung 讲解 die Wohnung 住房 die Bohrung 钻孔
– in die Studentin 女大学生 die Lehrerin 女老师 die Chinesin 中国人(女)
– ion die Explosion 爆炸 die Union 联盟
– tion die Lektion 课 die Nation 民族 die Konstruktion 设计
– tät die Universität 大学 die Qualität 质量 die Kapazität 容量
– ik die Musik 音乐 die Fabrik 工厂 die Physik 物理
– ie die Chemie 化学 die Industrie 工业 die Theorie 理论

中性名词的后缀：

– nis das Erlebnis 经历 das Verständnis 理解力 das Zeugnis 证明
– chen das Mädchen 姑娘 das Teilchen 微粒
– lein das Fräulein 小姐 das Büchlein 小书
– ment das Experiment 试验 das Fundament 基础 das Instrument 仪器
– ium das Studium 学习 das Ministerium 部 das Medium 介质

b. 派生形容词的后缀。

– arm ölarm 贫油 nikotinarm 不含尼古丁的 geräuscharm 低噪音的
– reich ölreich 富油的 energiereich 能源充足的 erzreich 富矿的
– ig fleiβig 勤奋的 richtig 正确的 ölig 油状的
– isch technisch 技术的 mechanisch 机械的 metallisch 金属的
– leer wasserleer 无水的 menschenleer 空无一人的
– lich freundlich 友好的 täglich 每天的 feindlich 敌意的
– los drahtlos 无绳(线)的 kostenlos 免费的
– sam langsam 慢的 mühsam 吃力的 wirksam 有效的
– voll wertvoll 有价值的 sinnvoll 有意义的
– wert preiswert 价廉物美的 lesenswert 值得一读的
– würdig sehenswürdig 值得一看 abbauwürdig 应拆除的

c. 派生动词的后缀。

–(e)n schreiben 写 hören 听 verbessern 改进 verändern 改变
– ieren studieren 学习 modernisieren 使得现代化 korrigieren 改正

3) 转类法。

常见于动词和形容词转换为名词,形容词(分词)转换为副词。

(1) 转换为名词。

动词：lesen → das Lesen 阅读 leben → das Leben 生活,生命
essen → das Essen 食物 schlafen → der Schlaf 睡觉

形容词：alt → der Alte　老头　gut → das Gute　好事

ganz → das Ganze　整个

分词：reisend → der Reisende　旅行者　anwesend → der Anwesende　出席者

bekannt → der Bekannte　熟人

(2) 转换为副词。

形容词：laut → laut　大声地　tüchtig → tüchtig　勤奋地

分词：fließend → fließend　流利地　spannend → spannend　紧张地

4) 缩减法。

die Universität → die Uni　大学

die Bundesrepublik Deutschland → BRD　联邦德国

der Lastkraftwagen → der LKW　载重车

zum Beispiel → z. B.　例如

Übungen

Ü1. 将下列直接引语改成间接引语

> Er sagte: "Meine Mutter ist hier als Lehrerin tätig."
> Er sagte, dass seine Mutter hier als Lehrerin tätig sei.

(1) Er fragt: "Hast du deinen Lehrer besucht?"

(2) Er fragt: "Kennen Sie meinen Freund?"

(3) Sie fragte: "Wie heißen Sie?"

(4) Inge sagte: "Mache die Tür zu!"

(5) Hans erklärte: "Ich werde die Grammatik lernen."

(6) Er bat mich: "Helfen Sie mir beim Studium!"

(7) Seine Tochter fragt: "Wann gehe ich in die Schule?"

(8) Sie antwortete: "Ich bin seit gestern krank."

(9) Mein Doktor sagte mir: "Kommen Sie morgen um 8 Uhr!"

(10) Der Lehrer sagte: "Wir dürfen keine Zeit verlieren."

Ü2. 将下列间接引语改为直接引语

> Er sagte, dass er krank sei.
> Er sagte: "Ich bin krank."

(1) Er erzählte uns, dass dieser Artikel leicht zu übersetzen sei.
(2) Sie sagt, dass sie zu ihrem Bruder fahre, denn sie müsse ihm beim Lernen helfen.
(3) Mein Freund schrieb, den ganzen Sonntag habe er auf mich gewartet.
(4) Ich habe gehört, es gebe heute in der Zeitung viel Neues.
(5) Ich frage ihn, ob er seine Eltern abgeholt habe.
(6) Ich fragte ihn, ob er meinen Freund kenne.
(7) Ich denke, er habe jetzt hier nichts zu tun.
(8) Peter schrieb, dass er nach Berlin fahren werde.
(9) Ich hoffe, dass er morgen zurückkomme.
(10) Man sagt mir, dass er angerufen werde.

Ü3. 选择正确答案

(1) Was bedeutet:"Mein Bekannter hat seine Wohnung in der Groβstadt aufgegeben?"
  a. Er hat seine Familie verlassen.
  b. Er ist aus seiner Wohnung in der Groβstadt ausgezogen.
  c. Er wohnt bei einer benachbarten Familie.
  d. Er besucht Nachbarn auf dem Land.
(2) Der Bekannte vom Dorf hat unter anderem gesagt:
  a. Am Morgen singen im Garten die Vögel.
  b. Er wird am Morgen im Garten geweckt.
  c. Am Abend macht er noch einen Spaziergang um den Wald herum.
  d. Am Abend geht er noch im Garten spazieren.
(3) In der Groβstadt ____________.
  a. kann man die Kinder jederzeit allein auf der Straβe lassen.
  b. gibt es sehr schöne Spielplätze
  c. können die Kinder Chauffeuer spielen
  d. müssen die Eltern ihre Kinder meist im Auto zu Freunden bringen
(4) Auf dem Land ____________.
  a. sind die Wohnungen teurer als in der Stadt
  b. ist der Verkehr lauter
  c. ist die Luft sauberer
  d. kennt man kaum die Leute.
(5) Der Groβstädter möchte nicht aus der Stadt wegziehen, weil ____________.
  a. er verheiratet ist
  b. es dort Theater, Kinos und viele Lokale gibt
  c. ihn in der Kneipe niemand kennt
  d. er sich am Abend gerne die "Sportschau" im Fernsehen anschaut

Ü4. 把下列汉语译成德语

(1) 他说他很忙。

(2) 医生说,我应该在床上躺几天。

(3) 他告诉我,他不想住在大城市。

(4) 住乡下当然有许多优点,比如,房租便宜,空气清新。

(5) 城里有许多酒馆,我可以随时与朋友、熟人在那儿相聚。

(6) 昨天他从我身边走过,但是没有向我问好,就像没看见我一样。

(7) 李华只学过一年德语,但他德语说得很好,好像他在德国生活了好多年似的。

(8) 米勒先生在信中写到,他要携太太到上海休假。

(9) 中德友谊万岁!

(10) 祝愿您新年愉快身体健康!

Ü5. 选择近义词或同义词

(1) öffnen	( )	a. bekommen
(2) abholen	( )	b. besuchen
(3) beenden	( )	c. aufmachen
(4) besichtigen	( )	d. aufhören
(5) reinigen	( )	e. telefonieren
(6) kriegen	( )	f. saubermachen
(7) anrufen	( )	g. empfangen
(8) begrüßen	( )	h. aufpassen
(9) achten	( )	i. willkommen heißen
(10) bemerken	( )	j. entdecken

Ü6. 选择反义词

(1) fleißig	( )	a. dünn
(2) richtig	( )	b. hässlich
(3) dick	( )	c. flüssig
(4) häufig	( )	d. fröhlich
(5) fest	( )	e. satt
(6) jung	( )	f. faul
(7) hungrig	( )	g. selten
(8) mager	( )	h. alt
(9) schön	( )	i. fett
(10) traurig	( )	j. falsch

Lesetext

Freizeit und Urlaub

Die Deutschen sind reisefreudig. Fast 60 Prozent der über 14 jährigen Deutschen haben 1995 eine Urlaubsreise von mindestens fünf Tagen unternommen. Wachsender Wohlstand und kürzere Arbeitszeiten ermöglichen den Berufstätigen zunehmend mehr Urlaub und Freizeit.

Viele Deutsche verbringen die Ferien im eignen Land. Die meisten Urlauber zieht es aber in die wärmeren südlichen Länder. Sie gaben 1995 im Ausland über 68 Milliarden DM aus. Unter den Reisezielen im Ausland liegen zur Zeit Italien, Spanien, Österreich, Frankreich, die Schweiz und die Vereinigten Staaten an der Spitze.

Die deutschen Urlauber können auf ein immer größeres Angebot der Reiseveranstalter zurück greifen. Dabei haben sich die Gewohnheiten und Wünsche geändert. Standen früher das Ausruhen und Sonnenbaden im Vordergrund, ziehen heute viele Menschen den Aktiv – Urlaub mit viel körperlicher Bewegung vor. Sie suchen die freie, von Umweltschäden nicht belastete Natur. Dies gilt auch für die Gestaltung der Freizeit an den Wochenenden. Auf der anderen Seite sucht man bei Studien – und Theaterreisen Bildung und Erholung zu verbinden.

Rund 260 000 Vereine und Verbände, der Staat, die Kirchen und Gemeinden bemühen sich, der Bevölkerung “Freizeitangebote” zu unterbreiten. Dazu gehören Sportplätze, Freibäder und

Schwimmhallen, Büchereien, Hobbykurse der Volkshochschulen oder musische und wissenschaftliche Zirkel.

Laut Umfragen gibt ein normaler deutscher Haushalt heute rund ein Fünftel seines Einkommens für die Freizeitgestaltung aus. Die Wirtschaft hat diese Entwicklung erkannt, eine regelrechte "Freizeitindustrie" ist zu einem blühenden Wirtschaftszweig geworden (Umsatz 1995 : rund 440 Milliarden DM). Mit dem Thema Freizeit befasst sich auch die 1971 gegründete Deutsche Gesellschaft für Freizeit. Diese Vereinigung betreibt Grundlagenforschung über das Freizeitverhalten, sie liefert Informationen, Dokumentationen und Beratung.

(参考译文)

休 闲 与 度 假

德国人喜爱旅行。1995年,年龄在14岁以上的德国人将近60%进行了至少5天的休假旅行。富裕程度的提高以及工作时间的缩短使得就业者有了更多的休假机会和业余时间。许多德国人在本国度假。但是,绝大多数的休假者宁愿去气候更和煦的南方国家。1995年,他们在国外支出了680多亿马克。目前去国外的旅游目的地以意大利、西班牙、奥地利、法国、瑞士和美国居多。

旅游组织者向德国的休假者提供的旅游项目越来越多。同时一些习惯与要求也发生了变化。如果说以往以休闲与阳光浴为主,则现在许多人更喜欢身体运动多的休假。他们寻找环境未受破坏的天然景色,在安排周末业余时间也是这样。另一方面,人们在考察和观光旅行时也力图将教育和休养结合起来。

大约260 000个协会和联合会、国家、教会以及乡镇都想方设法向居民提供"休闲活动项目",这包括体育场、露天游泳池和室内游泳池、图书馆、业余大学的业余爱好讲座或音乐和科学社团活动。

据民意调查,今天一个普通德国家庭用于休闲活动的费用约占收入的五分之一。经济界觉察到这一发展,一个名副其实的"休闲工业"已发展成为一个欣欣向荣的经济部门(1995年营业额:大约4 400亿马克)。于1971年成立的德国休闲协会也从事与休闲这一主题有关的活动。该协会进行关于休闲的基础研究,并提供信息、资料和咨询。

LEKTION 14 第十四课

Übungen und Test 练习与测试

T1. 填入形容词的比较等级

(1) Hans ist 20. Eva ist 25. Fritz 30.

a. Eva ist ________ als Hans.

b. Fritz ist der ________.

c. Eva ist ________ als Fritz.

d. Hans ist ________.

e. Margrit ist auch 25. Eva ist ________ alt ________ Margrit.

(2) Hans ist einen Meter achtzig groß.

Eva ist einen Meter sechzig groß.

Fritz ist einen Meter siebzig groß.

a. Fritz ist ________ als Hans.

b. Eva ist ________.

c. Fritz ist ________ als Eva.

d. Hans ist der ________.

e. Margrit ist einen Meter siebzig groß. Fritz ist ________ groß ________ Margrit.

(3) —Wie viele Menschen sprechen Deutsch als Muttersprache? Fünfzig Millionen?

—Nein, mehr ________ doppelt so viele: mehr ________ hundert Millionen Menschen.

(4) —Ist die Schweiz größer ________ Österreich?

—Nein, die Schweiz ist ________ als Österreich. Österreich ist mehr ________ doppelt ________ groß ________ die Schweiz.

(5) —Hat Österreich doppelt ________ viele Einwohner ________ die Schweiz?

—Nicht doppelt ________ viele, aber doch etwa eine Million mehr ________ die Schweiz.

(6) Das ist sicher die schön ________ Blume im ganzen Blumengeschäft.

(7) Ist das der ________ (kurz) Weg zum Bahnhof?

(8) Herr Lorenz ist der Lehrer mit den ________ (viel) Schülern.

(9) Die Post ist das ________ (hoch) Haus in unserer Stadt.

(10) Entschuldigung, wo ist bitte die ________ (nahe) Bushaltestelle?

(11) Dieses Buch geben wir der ________ (gut) Schülerin.
(12) Du kannst sicher kein ________ (schick) Kleid als das hier.
(13) —Die Jacke ist mir zu groβ. Haben Sie keine ________?
—Doch, hier ist noch eine klein ________.
(14) —Der Computer ist mir zu teuer. Haben Sie keinen ________?
—Doch, hier ist noch ein billig ________.
(15) —Der Koffer ist mir zu schwer. Haben Sie keinen leicht ________?
—Doch, hier ist noch ein leicht ________.

T2. 将下列句子改为命令式

Lesen——der Text
Lesen Sie bitte den Text!
Lies den Text!
Lest den Text!

(1) gehen ______ zur Uni
(2) schreiben ______ mit Kugelschreiber
(3) fahren ______ nach Hause
(4) trinken ______ kein Bier
(5) essen ______ Gemüse
(6) fragen ______ Herrn Müller
(7) nehmen ______ ein Taxi
(8) sehen ______ die Tafel
(9) lernen ______ die Vokabeln
(10) sprechen ______ laut
(11) anrufen ______ mich
(12) sich setzen ______ sich
(13) sein ______ ruhig
(14) öffnen ______ das Fenster
(15) ein/steigen ______ in den Bus

T3. 填入动词的正确形式

(1) Das junge Mädchen ________ (haben) früher einen kleinen Hund.
(2) Habt ihr die Eintrittskarten ________ (besorgen)?
(3) Wir ______ (wollen) gern noch bleiben, aber wir hatten die Kinder bei uns, sie ______ (müssen) ins Bett.
(4) Mein Führerschein(驾驶执照) wird zu Hause ________ (vergessen).
(5) Sie ________ (verlassen) das Geschäft, nachdem sie ein kleines Radio ________ (kaufen).
(6) Gisela ________ (kommen) morgen ganz bestimmt und auβer ihr vielleicht noch Marion.

(7) Was ________ (geben) es gestern abend sonst noch im Fernsehen?

(8) Nun ________ (arbeiten) ich hier an der Universität als Deutschlehrer, aber davor ________ (beschäftigen) ich mich mit dem Dolmetschen(口译).

(9) Durch welche Städte sind Sie ________ (fahren), als das Studium ________ (beenden)?

(10) An dem Abend, wo der Mond am Himmel ________ (scheinen), haben wir uns an der Chinesischen Mauer wieder ________ (treffen).

(11) Der Lastwagen kippte um, weil er zu schwer ________ (beladen) war.

(12) Hoffentlich ist dieses Problem inzwischen von den Experten ________ (lösen) worden.

(13) Wo ________ (sein) er vor kurzem?

(14) Wir ________ (machen) morgen einen Ausflug.

(15) Ich bin pleite. Ich habe mein Geld alles ________ (ausgeben).

T4. 填入第一分词或第二分词

(1) Klaus kommt ________ (weinen) nach Hause.

(2) Die alte Frau ist ________ (wüten).

(3) Der ins Klassenzimmer ________ (eintreten) Lehrer grüßte uns.

(4) Das ________ (lesen) Buch habe ich zurückgegeben.

(5) Ich habe das Geschenk ________ (schicken) bekommen.

(6) Das ________ (reparieren) Fahrrad stand vor dem Haus.

(7) Wir denken an die im Krieg ________ (fallen) Leute.

(8) Er wird das Studium im ________ (kommen) Jahr abschließen.

(9) Ein ________ (leiten) Angestellter zeigte den Journalisten die ________ (ausbauen) Werkstätten und die ________ (arbeiten) Maschinen.

(10) Er spricht sehr ________ (fließen) Deutsch.

(11) Der Dieb sprang von dem ________ (fahren) Bus ab.

(12) Die heute zu ________ (liefern) Maschinen sind sofort zu kontrollieren.

(13) Ist ________ (sprechen) Englisch wichtiger als ________ (schreiben)?

(14) Die Mittelschüler lösten die Mathematikaufgaben mit ________ (wachsen) Interesse.

(15) Die Tür ________ (verschließen), ging er erst weg.

T5. 填入正确的连词

(1) Der Lehrer hilft den Studenten, ________ sie alles verstehen.

(2) Ich war schwer krank, ________ ich mehrere Wochen von der Arbeit fernbleiben mußte.

(3) Wissen Sie, ________ die Maschine nach Köln schon gestartet ist?

(4) ________ das Spiel schon angefangen hatte, waren nur wenige Zuschauer da.

(5) Er klettert auf den Baum, ________ er gern klettert.

(6) Er hat seiner Tochter Geld gegeben, ________ sie sich ein Kleid kaufen kann.

(7) Er ist ________ überrascht, ________ ihm Worte fehlten.

(8) Sie tat so, ________ sähe sie mich nicht.

(9) Spielt der alte Mann ________ gut Klavier (钢琴), ________ er gesagt hat?

(10) Wir arbeiten anders, ________ ihr gearbeitet habt.

T6. **填入介词,如有必要也填入冠词**

(1) Kommst du mit? Ich schwimme ________ andere Ufer.

(2) Na, das hat doch gestern ________ Zeitung gestanden. Ich zog mich aus und legte mich ________ Bett.

(3) Was stand denn ________ Zettel?

(4) Man läuft ________ Winter in Europa oft Ski.

(5) ________ des Plastikbeutels sollte man eine Tasche zum Einkaufen nehmen.

(6) Die Studenden haben ________ des Studiums Geld verdienen müssen.

(7) Herr Miller arbeitet ________ 15 Jahren bei der Firma Export in Köln.

(8) ________ welchem Lehrer hast du Deutsch gelernt?

(9) Ich halte ihn ________ meinen besten Freund.

(10) ________ Liebe ________ seiner Frau verzichtet er ________ diese Gelegenheit.

(11) ________ Angst wurde mir ganz wirr.

(12) Sie sind auf Dienstreise ________ Peking ________ Shanghai gefahren.

(13) Frau Weber berichtete ________ Energiekrise in Europa.

(14) ________ Weihnachten besuchte uns Hans.

(15) Er soll seinen neuen Wagen ________ Diebstahl versichern.

(16) 5 Briefmarken ________ 80 Fen, bitte!

(17) Der Student ist schon ________ drei Jahren unabhängig ________ seinen Eltern.

(18) ________ aller Warnungen der Ärzte rauchte er mehr als zuvor.

(19) ________ dem Gesetz ist er verhaftet worden.

T7. **填入关系代词,必要时连同介词**

(1) Die Verletzte, ________ Geld verloren war, wandte sich an die Polizei.

(2) ________ zu spät kommt ,muss sich entschuldigen.

(3) München ist eine Stadt, ________ durch ihre Schönheit berühmt ist, und ________ Museen viel besucht werden.

(4) Der Lehrer hat mich etwas gefragt, ________ für mich zu schwer ist.

(5) Ein Weinglas ist ein Glas, ________ man Wein trinkt.

(6) Den Vorschlag, ________ von ihr gemacht wurde, finde ich ganz gut.

(7) Das Mädchen, ________ Eltern wir warten, lernte sehr fleißig.

(8) Diejenigen, ________ der Roman nicht gefällt, können einen anderen wählen.

(9) Den Tag, ________ wir uns trennen mussten, werde ich nie vergessen.

(10) Das Flugzeug, ________ wir gekommen sind, hatte Verspätung.

(11) Peter Henlein, ________ die Taschenuhr erfunden wurde, war Zeitgenosse Luthers.

(12) Das Schönste, ________ ich mir vorstellen kann, wäre ein Ausflug ins Gebirge.

(13) Der Maler, ________ Bilder viel bewundert werden, ist gestorben.
(14) Die Leute, ________ ich mich lange unterhalten habe, kommen aus Japan.
(15) Die Unglücklichen, ______ Heimatstadt zerstört worden ist, müssen woandershin umsiedeln.

T8. 填入合适的助词

(1) Ich ________ morgens sehr früh aufgestanden.
(2) Er ________ sich das Gesicht schon gewaschen.
(3) Gestern ________ die Studenten eine Prüfung ablegen müssen.
(4) In Deutschland ________ viel Bier getrunken.
(5) Das Fahrrad ________ vor zwei Tagen repariert.
(6) Die Decke ________ auf den Tisch gelegt ________.
(7) Nachdem wir den Baum gepflanzt ________, haben wir ihn auch noch gegossen.
(8) Es ________ Ihnen bald wieder gut gehen.
(9) Bevor er abgereist ist, ________ er sich mit seiner Mutter verabschiedet.
(10) Die gekaufte Ware kann man nur innerhalb von drei Tagen umgetauscht ________.

T9. 将下列句子中的划线部分改为从句

(1) Bei schlechtem Wetter bleiben wir lieber zu Hause.
(2) Beim Verlassen des Geschäfts verlor er seinen Geldbeutel.
(3) Imfolge dichten Nebels konnte das Flugzeug nicht starten.
(4) Vor dem Bau dieser Brücke müssen zahlreiche technische Probleme gelöst werden.
(5) Seit seiner Abreise habe ich nichts mehr von ihm gehört.

T10. 将下列的句子译成德语

(1) 你不能指望从我们这儿得到帮助,因为你是如此地不友好。
(2) 劳驾,您能告诉我,火车站在哪儿吗?
(3) 他总是很晚才上床睡觉,结果他早晨总是很疲倦。
(4) 他打算(vorhaben)去维也纳度假。
(5) 德语并没有你想像的那么难,只要你用功,就一定能掌握(beherrschen)它。
(6) 老年人习惯早睡早起。
(7) 昨天我收到一封家信,今天我想写回信。
(8) 今天上午我到你朋友那儿去了,他让我向你问好。
(9) 别着急,你们当中没有谁没通过考试,只有一人差点不及格。
(10) 韦伯夫人教我们数学,她对学生很和气,大家对她的工作很满意。

T11. 完形填空

Der wunderbare Pudding

________ Tages kam unser Onkel Robert zu uns und lud uns für den nächsten Sonntag ________ Mittagessen ein. Er sagte: "Es wird einen wunderbaren Pudding geben. Mehr

________ tausend Leute haben an diesem Pudding gearbeitet." Wir riefen: "Wie, mehr als tausend Leute; Das muss ja ein ganz ________ Pudding sein, so groβ ________ ein Haus!" Wir ________ alle sehr gern Pudding.

Endlich war der Sonntag ________, und wir gingen ________ Onkel Robert. Wir waren erstaunt, ________ alles im Hause so aussah ________ gewöhnlich. Natürlich hatten wir gedacht, ________ wir an diesem Tage etwas ganz Besonderes sehen werden. Zum Mittagessen gab ________ Suppe, Fleisch und Gemüse, alles wie gewöhnlich. Wir aβen nur wenig, denn wir dachten die ganze Zeit ________ den Pudding.

Endlich öffnete sich die Tür, und die Tante brachte den ________. Er war nicht gröβer ________ die anderen Puddinge. Mein Bruder rief gleich: "Aber Onkel, du hast ________ doch einen ganz besonderen Pudding versprochen. Das hier ist doch nur ein ________ Schokoladenpudding. Du ________ wohl einen anderen Pudding gemeint?" "Nein," antwortete der Onkel, "________ habe diesen Pudding ________."

T12. 用 ohne...zu, statt...zu, um...zu + 不定式词组改写下列句子

(1) Inge macht die Übung. Aber er hat den Text nicht wiederholt.
(2) Peter fährt nach Hause. Er will seine Eltern besuchen.
(3) Er ist plötzlich zu mir gekommen. Er hat mich vorher nicht angerufen.
(4) Ich lese den Text noch einmal. Dann kann ich den Fehler finden.
(5) Er tritt ins Büro. Er begrüβt uns nicht.
(6) Meine Schwester lernt Deutsch. Sie will in Deutschland studieren.
(7) Der Schüler macht keine Übungen. Er sieht zu Hause fern.
(8) Er ruft mich nicht an, sondern er schreibt mir einen Brief.
(9) Der Wirt brachte dem alten Mann keinen Pilz. Er gab ihm einen Regenschirm.
(10) Wir machen heute ein Seminar. Wir gehen nicht zur Vorlesung.

T13. 将下列句子改为被动态句

(1) Der Meister repariert die Maschinen.
(2) Er hat einen Brief an seinen Freund geschrieben.
(3) Gestern übersetzte ich einen Artikel ins Deutsche.
(4) Die Bauarbeiter haben ein Haus gebaut.
(5) Sie soll den schweren Text noch einmal genau erklären.
(6) Die Studenten werden in vier Tagen die Fabrik besichtigen.
(7) Man darf im Zug nicht rauchen.
(8) Sie meinen, dass Deutsch schwer zu lernen ist.
(9) Alle Fehler sind gleich zu verbessern.
(10) In China trinkt man am meisten Tee.

T14. 把下列直接引语句改为间接引语句

(1) Mein Freund sagt: "Ich komme aus München."

(2) Frau Hans denkt: "Ich muss ihnen beim Lernen helfen."

(3) Er fragt mich: "Hast du gegessen?"

(4) Der Schüler fragt den Lehrer: "Darf ich jetzt nach Hause gehen?"

(5) Sie sagt zu mir: "Ich bin krank."

(6) Die Mutter sagt der Tochter: "Lerne fleißig!"

(7) Sie sagte: "Ich werde mitkommen."

(8) Ich fragte ihn: "Wann kommst du?"

(9) Sie sagte zu ihrem Sohn: "Geh ins Bett!"

(10) Sie fragt: "Können Sie mir helfen?"

T15. 将下列句子改为第二虚拟式形式

(1) Ich habe kein Geld. Ich kaufe keinen Computer.

(2) Bitte, können Sie mir mal helfen?

(3) Ich habe das nicht machen sollen.

(4) Ohne Wasser können wir nicht leben.

(5) Wenn du mal zu mir gekommen bist, habe ich dir das Buch gegeben.

(6) Er tut, als ob er Chef ist.

(7) Wenn ich etwas jünger bin, kann ich so was auch machen.

(8) Ich werde mich freuen. Du besuchst mich morgen.

(9) Er hat meine Freundin nicht erkannt. Er hat sie nicht begrüßt.

(10) Herr Li spricht so gut Deutsch wie ein Deutscher.

T16. 填入合适的时间从句连词

(1) ________ Peter 6 Jahre alt war, ging er in die Schule.

(2) Er sah ganz verändert aus, ________ ich ihn nach einem Jahr wiedersah.

(3) Ich musste es erst sehen, ________ ich es glauben konnte.

(4) Wir bleiben draußen sitzen, ________ es dunkel wurde.

(5) ________ es drei Tage lang geregnet hat, scheint die Sonne heute endlich wieder.

(6) ________ sie die Universität besucht, wohnt sie im Studentenheim.

(7) ________ das Semester zu Ende ist, gehe ich in die Heimat.

(8) ________ du da bist, fürchte ich mich überhaupt nicht.

(9) ________ ich in Urlaub war, hatte ich beim Unfall verletzt.

(10) ________ der Wecker klingelt, steht sie immer sofort auf.

附　录

一、语法总表(Deutsche Grammatik in Tabellen)

(一)词　法

1.名词的变格

格	单数Si.										复数Pl.	
	阳性m.				阴性f.			中性n.				
	定冠词	不定冠词	强变化名词词尾	弱变化名词词尾	定冠词	不定冠词	名词词尾	定冠词	不定冠词	名词词尾	定冠词	名词词尾
N.	der	ein			die	eine		das	ein		die	–
G.	des	eines	–(e)s	–n/en	der	einer	–	des	eines	–(e)s	der	–
D.	dem	einem	–(e)	–n/en	der	einer	–	dem	einem	–(e)	den	–(n)
A.	den	einen	–	–n/en	die	eine	–	das	ein	–	die	–

【注】①名词复数以 – s 或 – n 结尾的,第三格不加 – n。

②阳、中性名词单数第二格词尾一般加 – s,但名词词尾音节为 – s, – β, – z, – sch, – st, – t, – tz 或者该名词为单音节时,第二格加 – es。

③第三格阳、中性名词词尾加 – e 常见于惯用语或由于音节关系:
am Tage, auf dem Lande, nach Hause

④弱变化名词第二、三、四格词尾大都加 – en,但有一些词尾加 – n,如 Herr。
(des,dem,den)Herrn, (des,dem,den)Studenten

2.少数名词变格的特殊形式

德语中少数阳性和中性名词的变格无规律可循,我们必须记住它们的特殊变格形式。

N.	der Name(姓名)	das Herz(心)
G.	des Namens	des Herzens
D.	dem Namen	dem Herzen
A.	den Namen	das Herz

3. 形容词弱变化

形容词位于定冠词(der,die,das;die)或代词(dieser,jener,solcher,jeder,manche,all)后的词尾变化:

格	单 数 Si.			复 数 Pl.
	阳性 m.	阴性 f.	中性 n.	
N.	－e	－e	－e	－en
G.	－en	－en	－en	－en
D.	－en	－en	－en	－en
A.	－en	－e	－e	－en

格	单 数 Si.			复 数 Pl.
	阳性 m.	阴性 f.	中性 n.	
N.	der groβe Tisch	die neue Uhr	das alte Haus	die alten Häuser
G.	des groβen Tisches	der neuen Uhr	des alten Hauses	der alten Häuser
D.	dem groβen Tisch	der neuen Uhr	dem alten Haus	den alten Häusern
A.	den groβen Tisch	die neue Uhr	das alte Haus	die alten Häuser

4. 形容词的混合变化

形容词位于不定冠词(ein,eine,ein)、不定代词(kein,keine,kein)或物主代词(mein,dein,sein…)后的词尾变化:

格	单 数 Si.			复 数 Pl.
	阳性 m.	阴性 f.	中性 n.	keine/meine
N.	－er	－e	－es	keine－en
G.	－en	－en	－en	keiner－en
D.	－en	－en	－en	keinen－en
A.	－en	－e	－es	keine－en

【注】形容词定语在不定代词 kein 及物主代词之后的变格,单数与不定冠词后相同,复数与在定冠词后相同。

格	单 数 Si.			复 数 Pl.
	阳性 m.	阴性 f.	中性 n.	
N.	ein großer Tisch	eine neue Uhr	ein altes Haus	keine alten Häuser
G.	eines großen Tisches	einer neuen Uhr	eines alten Hauses	keiner alten Häuser
D.	einem großen Tisch	einer neuen Uhr	einem alten Haus	keinen alten Häusern
A.	einen großen Tisch	eine neue Uhr	ein altes Haus	keine alten Häuser

5. 形容词的强变化

形容词前无冠词、指示代词、物主代词或无 kein 时,形容词按强变化变词尾,并往往能通过形容词词尾表示出名词的性、数、格。

格	单 数 Si.			复 数 Pl.
	阳性 m.	阴性 f.	中性 n.	
N	－er	－e	－es	－e
G.	－en	－er	－en	－er
D.	－em	－er	－em	－en
A	－en	－e	－es	－e

格	单 数 Si.			复 数 Pl.
	阳性 m.	阴性 f.	中性 n.	
N.	großer Tisch	neue Uhr	altes Haus	alte Häuser
G.	großen Tisches	neuer Uhr	alten Hauses	alter Häuser
D.	großem Tisch	neuer Uhr	altem Haus	alten Häusern
A.	großen Tisch	neue Uhr	altes Haus	alte Häuser

【注】形容词强变化的词尾,除阳性和中性单数第二格为-en 外,其余与定冠词的变格词尾相同。

6. 名词化的形容词

有些形容词作名词用,称之为名词化的形容词。其变格与形容词相同。阳性和阴性的名词化形容词,一般指具体的人;中性的名词化形容词一般指抽象的概念。有些分词也可作名词用,也按形容词变格。示例如下:

格	单　数 Si.		复　数 Pl.
	德国男人	德国女人	德国人
N.	der Deutsche	die Deutsche	die Deutschen
G.	des Deutschen	der Deutschen	der Deutschen
D.	dem Deutschen	der Deutschen	den Deutschen
A.	den Deutschen	die Deutsche	die Deutschen

如果此类名词前有形容词，则同时变词尾。

格	单　数 Si.		复　数 Pl.
	德国男人	德国女人	德国人
N.	ein junger Deutscher	eine junge Deutsche	junge Deutsche
G.	eines jungen Deutschen	einer jungen Deutschen	junger Deutscher
D.	einem jungen Deutschen	einer jungen Deutschen	jungen Deutschen
A.	einen jungen Deutschen	eine junge Deutsche	junge Deutsche

【注】①名词化形容词前的不定代词，若有示性词尾，其变化为：alles Gute。

②若前置的不定代词或数词无示性词尾，则其变化为：

etwas(nichts, viel, wenig…)Gutes。

7. 人称代词的变格

数	格	第一人称	第二人称	第三人称			尊称
				阳性	阴性	中性	
单数 Si.	N.	ich	du	er	sie	es	Sie
	G.	meiner (mein)	deiner (dein)	seiner (sein)	ihrer	seiner (sein)	Ihrer
	D.	mir	dir	ihm	ihr	ihm	Ihnen
	A.	mich	dich	ihn	sie	es	Sie
复数 PL.	N.	wir	ihr	sie			Sie
	G.	unser	euer	ihrer			Ihrer
	D.	uns	euch	ihnen			Ihnen
	A.	uns	euch	sie			Sie

【注】①mein, dein, sein 等为单数第二格人称代词的古老形式，现已不用。

②介词与人称代词搭配时要注意:

若代词指物,则可用相应的代副词。如:Ich denke daran. 我在想这件事。

若代词指人,则不可用代副词。如:Ich denke an ihn. 我想念他。

③中性名词 das Fräulein, das Mädchen 等,常以代词 sie 代之。

8. 物主代词的变格

物主代词	格	单数 Si.			复数 Pl.
		阳性 m.	阴性 f.	中性 n.	
mein (我的)	N.	mein	meine	mein	meine
	G.	meines	meiner	meines	meiner
	D.	meinem	meiner	meinem	meinen
	A.	meinen	meine	mein	meine
dein (你的)	N.	dein	deine	dein	deine
	G.	deines	deiner	deines	deiner
	D.	deinem	deiner	deinem	deinen
	A.	deinen	deine	dein	deine
sein (他的)(它的)	N.	sein	seine	sein	seine
	G.	seines	seiner	seines	seiner
	D.	seinem	seiner	seinem	seinen
	A.	seinen	seine	sein	seine
ihr (她的)	N.	ihr	ihre	ihr	ihre
	G.	ihres	ihrer	ihres	ihrer
	D.	ihrem	ihrer	ihrem	ihren
	A.	ihren	ihre	ihr	ihre
unser (我们的)	N.	unser	unsere	unser	unsere
	G.	unseres	unserer	unseres	unserer
	D.	unserem	unserer	unserem	unseren
	A.	unseren	unsere	unser	unsere
euer (你们的)	N.	euer	eu(e)re	euer	eu(e)re
	G.	eu(e)res	eu(e)rer	eu(e)res	eu(e)rer
	D.	eu(e)rem	eu(e)rer	eu(e)rem	eu(e)ren
	A.	eu(e)ren	eu(e)re	euer	eu(e)re

续表

物主代词	格	单数 Si. 阳性 m.	阴性 f.	中性 n.	复数 Pl.
ihr (他们的)	N. G. D. A.	ihr ihres ihrem ihren	ihre ihrer ihrer ihre	ihr ihres ihrem ihr	ihre ihrer ihren ihre
Ihr (您的)(您们的)	N. G. D. A.	Ihr Ihres Ihrem Ihren	Ihre Ihrer Ihrer Ihre	Ihr Ihres Ihrem Ihr	Ihre Ihrer Ihren Ihre

【注】物主代词的变格:单数与不定冠词变格相同,复数与定冠词变格相同。

9. 指示代词 dieser, diese, dieses; diese 的变格

格	单数 Si. 阳性 m.	阴性 f.	中性 n.	复数 Pl.
N. G. D. A.	dieser dieses diesem diesen	diese dieser dieser diese	dieses dieses diesem dieses	diese dieser diesen diese

【注】指示代词 jener, jene, jenes, jene(那一个,那一些)以及 solcher 变格同上。

10. 关系代词 der, die, das; die 的变格

格	单数 Si. 阳性 m.	阴性 f.	中性 n.	复数 Pl.
N. G. D. A.	der dessen dem den	die deren der die	das dessen dem das	die deren denen die

【注】关系代词除二格及三格复数外,其他变化均与定冠词相同。

（二）句　　法

1. 句子的成分

句子由多种成分构成，可分为主要成分和次要成分

<table>
<tr><th colspan="2">句子的主要成分</th><th colspan="6">句子的次要成分</th></tr>
<tr><td rowspan="4">主语</td><td rowspan="4">谓语</td><td rowspan="4">宾语</td><td>第四格宾语</td><td rowspan="4">状语</td><td>地点状语</td><td rowspan="4">定语</td><td>形容词定语</td></tr>
<tr><td>第三格宾语</td><td>时间状语</td><td>名词定语</td></tr>
<tr><td>第二格宾语</td><td>原因状语</td><td>不定式定语</td></tr>
<tr><td>第一格宾语（表　语）</td><td>情况状语</td><td>分词定语</td></tr>
</table>

2. 句子的种类

句子的种类	例　句
陈述句	Ich lerne Deutsch.　我学习德语。
祈使句	Lernen Sie bitte Deutsch!　请您学德语！
疑问句	Lernen Sie Deutsch?　您学德语吗？ Wie lernen Sie Deutsch?　您怎样学德语？
感叹句	Wir begrüßen euch!　我们欢迎你们！

3. 句子成分的位置(正常语序的句子)

句子成分编号	1. 主语　2. 谓语　3. 第四格宾语　4. 第三格宾语 5. 时间状语　6. 地点状语　7. 情况状语　8. 原因状语

1 wer?　2	3 —— 8	
Er erzählt. Er erzählte.	-	1. wer:　主语 2. (erzählt):　谓语 他在叙述。
Er erzählt	3 was? eine/die Geschichte.	3. was:第四格宾语 他叙述一个/这故事。
Er erzählt	4 wem? seinem Bruder eine Geschichte.	4. wem:第三格宾语 他给他兄弟讲一个故事。

续表

Er erzählt	5 wann? seinem Bruder heute eine Geschichte.	5. wann:时间状语 他今天给他兄弟讲了一个故事。
Er erzählt	seinem Bruder heute 6 wo? am Telefon eine Geschichte.	6. wo:地点状语 他今天在电话里给他兄弟讲了一个故事。
Er erzählt	seinem Bruder heute 7 wie? mit lauter Stimme am Telefon eine Geschichte.	7. wie:情况状语 他今天在电话里大声给他的兄弟讲一个故事。
Er erzählt	seinem Bruder heute 8 warum? aus Langeweile am Telefon eine Geschichte.	8. warum:原因状语 他今天由于无聊在电话里给他兄弟讲了一个故事。

【注】① 第四格宾语为代词时,位于第三格宾语之前:

Er erzählt sie seinem Bruder.

Er erzählt sie ihm.

② 要强调的句子成分可位于句首:

wie?	Mit lauter Stimme	erzählte er eine Geschichte.
wann?	Heute	erzählte er eine Geschichte.
was?	Das Buch	müssen Sie lesen!

4. 时态

1) 主动态句子。

时　　态	例　　　　句
现在时	Ich lerne Deutsch.
过去时	Ich lernte Deutsch.
现在完成时	Ich habe Deutsch gelernt.
过去完成时	Ich hatte Deutsch gelernt.
将来时	Ich werde Deutsch lernen.

2）被动态句子。

时　　态	例　　　　句
现在时	Die Uhr wird repariert.
过去时	Die Uhr wurde repariert.
现在完成时	Die Uhr ist repariert worden.
过去完成时	Die Uhr war repariert worden.
将来时	Die Uhr wird repariert werden.

3）带有情态动词的句子。

时　　态	例　　　　句
现在时	Ich muss Deutsch lernen.
过去时	Ich musste Deutsch lernen.
现在完成时	Ich habe Deutsch lernen müssen.
过去完成时	Ich hatte Deutsch lernen müssen.
将来时	Ich werde Deutsch lernen müssen.

4）在从句中。

主动态	Ich hörte, dass er seinem Freund eine Geschichte	erzählt. erzählte. erzählt hat. erzählt hatte. erzählen wird.
被动态	Ich weiß, dass die Uhr	repariert wird. repariert wurde. repariert worden ist. repariert worden war. repariert werden wird.

5. 从句的类型

类型	例　　　句
主语从句	1. Wer nicht arbeitet, soll auch nicht essen.　不劳动者不得食。 2. Es freut mich, dass du da bist.　你来了我很高兴。
表语从句	1. Sein Wunsch ist, dass ich Deutsch lerne.　他的愿望是让我学德语。 2. Sie wird auch, was ihre Mutter war.　她会成为她母亲那样的人。

续表

类型	例句
宾语从句	1. Ich weiβ nicht, ob er heute kommt. 我不知道他今天是否来。 2. Er sagt, dass er Deutsch lernen will. 他说他想学德语。 3. Kannst du mir sagen, wann du kommst? 你能告诉我，你什么时候来吗？
让步状语从句	1. Er geht zum Unterricht, obwohl/obgleich er krank ist. 虽然生病,他仍然来上学。 2. Sie kam, wenn auch es regnete. 尽管下雨,她还是来了。
方式状语从句	1. Man setzt die Maschine in Betrieb, indem man den rechten Hebel herunterdrückt. 将右边的操纵杆往下按,就可开动机器。 2. Klaus zeigt dadurch sein Einverständnis, dass er mit dem Kopf nickt. 克劳斯用点头来表示同意。
时间状语从句	1. Als ich 6 Jahre alt war, besuchte ich die Grundschule. 我 6 岁上了小学。 2. Wenn es regnet, so bleibe ich zu Hause. 如果下雨,我就呆在家里。 3. Nachdem er die Hausaufgaben gemacht hat, geht er spielen. 他做完家庭作业就去玩耍。 4. Er wartet, bis ich komme. 他会一直等到我来。 5. Während er arbeitet, raucht er nicht. 他工作时不抽烟。 6. Ruf mich bitte noch mal an, bevor du nach Deutschland fährst! 你去德国前给我来个电话! 7. Seitdem er das Studium beendet hat, arbeitet er bei Siemens. 自他大学毕业以来,就在西门子公司工作。 8. Solange man lebt, muss man lernen. 活到老,学到老。 9. Sobald ich Geld bekomme, werde ich das Buch kaufen. 我一拿到钱就要买这本书。
定语从句	1. Die Fragen, über die wir diskutiert haben, müssen schnell gelöst werden. 我们曾讨论过的那些问题必须很快解决。 2. Ich kann dir etwas sagen, was dich interessieren wird. 我可以告诉你一点会使你感兴趣的事。 3. Ich bin der Meinung, dass wir uns viel im Deutschen üben müssen. 我认为,我们必须多练习德语。 4. Die Frage, ob die Lösung richtig ist, muss ich mir überlegen. 答案是否正确这个问题我还得考虑。

续表

类型	例　句
比较状语从句	1. Jeden Sonntag fahre ich in die Stadt, während er immer zu Hause bleibt. 我每个星期天都进城,而他却总呆在家里。 2. Die Uni ist so schön, wie ich mir gedacht habe. 这所大学和我想像的一样美。 3. Die Uni ist noch schöner, als ich mir gedacht habe. 这所大学比我想像的还要美。 4. Um so/Desto reicher wird sein Wortschatz, je mehr er liest. 他读的书越多,词汇就越丰富。 5. Er spricht Deutsch, als ob er ein Deutscher wäre. 他说德语,好像他就是个德国人似的。
目的状语从句	1. Die Mutter schickt ihren Sohn in die Schule, damit er dort lernt. 母亲送他的儿子去学校,以便他在那儿学习。 2. Ich trage eine Brille, damit ich besser sehe. 我带上眼镜,为的是看得更清楚。
结果状语从句	1. Sie war lange Zeit krank, so dass sie sehr blaβ aussah. 她病了很久,因此脸色很苍白。 2. Er spricht so deutlich, dass ich ihn verstehen kann. 他讲得清楚,所以我能听懂他的意思。
条件状语从句	1. Wenn du Lust hast, kannst du mitkommen. 如果你有兴趣,可以一块来。 2. Ich gehe ins Kino, falls ich Zeit habe. 如果有时间,我就去看电影。 3. Gefriert Wasser, so wird es zu Eis. 如果水冻结,就变成冰。 4. Wenn ich Sie besuchte, würde ich das Buch mitbringen. 如果我去看望您,我会把这本书带去。
原因状语从句	1. Er kann nicht kommen, weil er keine Zeit hat. 他不能来,因为他没空。 2. Da er krank ist, kann er nicht kommen. 因为病了,所以他不能来了。

二、词汇表(Glossar)

A

ab/hängen * *vi.* 取决于
ab/holen *vt.* 接,取
der Absatz ¨e 销售,销路;段落
der Absatzmarkt ¨e 销售市场
ab/schließen * *vt.* 签订;锁上
der Abschluss ¨e 订立;结束
ähnlich 类似的,相似的
ab/weichen * *vi.*(s) 离开,偏离
die Aktie –n 股票,股份
aktuell 实际的
allgemein 一般的,普通的
die Alpen (Pl.) 阿尔卑斯山
also 那么
das Altenheim –e 养老院
amerikanisch 美国的
analysieren *vt.* 分析
andererseits 另一方面
an/fahren * *vt.* (车子)撞倒
der Anfang ¨e 开始,起初
an/fangen * *vt.*/*vi.* 开始, 起初
anfangs 开始,起初
an/fliegen * *vt.* 飞向,飞往
das Angebot –e 供应,提供
an/gehören *vi.* 属于
angesehen 受尊敬的,有名望的
die Angst 害怕
anhaltend 持续不断的
die Anilinfarbe –n 苯胺染料
an/nehmen * *vt.* 接受
an/schauen *vt.* 看,观看
der Anteil –e 份额,部分
an/weisen * *vt.* 依赖;指示,命令
die Anzeigenspalte –n 广告栏
der Argument –e 论据,理由,论证
arm 贫穷的
die Art –en 种类,方式
... artig 具有……性质的
der Artikel – 文章;商品
der Atomreaktor –en 原子反应堆
attraktiv 吸引人的,有魅力的
auf/geben * *vt.* 放弃
das Aufkommen – 收入,收成
die Aufnahme –n 摄影
das Auge –n 眼睛
aus/drücken *vt.* 表达,表示
die Auseinandersetzung –en 解释,讨论,争议
aus/führen vt. 出口,输出
ausgezeichnet 好极了,极好的
sich aus/kennen * 熟悉,精通
das Ausland 外国
ausländisch 外国的
die Auslastung 装满;充分利用
ausreichend 足够的
aus/sehen * *vi.* 看起来,看上去……好像
die Aussicht –en 希望,前景
ausschließlich G. 除……之外;独立的,专有的
aus/wechseln *vt.* 更换
automatisch 自动的
automatisieren *vt.* 使现代化

B

der	Balkon –	阳台
die	Bank – en	银行
die	Basis – sen	基础
	bauen *vt*.	建设,建造
	bäuerlich	农民式的
	bayerisch	巴伐利亚的
	bearbeiten *vt*.	加工
	bedeuten *vt*.	意思是,意味着
	bedingt	有条件的;由……条件决定的
	befördern *vt*.	运输,运送
die	Befriedigung – en	满足,满意
	begleiten *vt*.	陪同
der	Bekannte – n	(变化如 *adj*.)熟人
	bekanntlich	众所周知的
	benachbart	邻近的
die	Beobachtung – en	观察
die	Beratung – en	咨询,建议
	berechnen *vt*.	计算,算出;(要)价
das	Bergwerk – e	矿山
die	Bergleute (Pl.)	矿工
	beruflich	职业的,就业的
der	Bescheid	告知,通知,消息
	bestehen/bleiben *	*vi*. 保持
	bestimmt	确定的,固定的;肯定
	bestehen * *vt*.	经受,通过
	vi.	存在;由……组成
die	Betonburg	混凝土城堡
	betragen * *vi*.	计数为,总计
	betreffend	有关的,关于
	betreten * *vt*.	踏上,登上
der	Betrieb – e	企业,工厂
	bewegen *vt*.	移动,搬动
	sich bewerben * um A.	申请
	bezahlen *vt*.	付钱,付……款
	beziehungsweise (bzw.)	或者,以及
das	Bier – e	啤酒
der	Bildschirm – e	荧光屏,屏幕
	blinzeln *vi*.	眨眼,眯眼看
der	Blutdruck	血压
das	Brillenglas ¨–er	眼镜玻璃
die	Buchführung	簿记
der	Bund ¨–e	联邦,同盟
das	Bundesland ¨–er	联邦州
der	Bundespäsident – en, – en	联邦总统
die	Bundesrepublik	联邦
der	Bürger –	市民
das	Büro – s	办公室

C

	ca. (circa)	大约
der	Campus –	校园
der	Chauffeur – e	司机
der	Chinese – n	中国人
	Cowboy	牛仔

	gewinnen * *vt.*	获得,得到
	gewiss	某种,某个
das	Gewissen –	良知,良心
	gewöhnt	习惯的
die	Glasware – n	玻璃制品
	glauben *vt.*/*vi.*	相信,认为
	gleichermaßen	同样地,完全一样地
	gleichzeitig	同时的
das	Gleis – e	站台,轨道
	sich gliedern in A.	分成,分为
	gold	金色的
der	Gott ¨er	上帝
der	Grund ¨e	原因,理由,根据
der	Grundstoff – e	原料
	gucken *vi.*	瞧,瞅,望
	günstig	有利的;优惠的

H

das	Hakenkreuzzeichen –	万字符
die	Hafenstadt ¨e	港口城市
der	Handel	贸易
	häufig	经常的
	hauptsächlich	主要的
die	Hauptstadt ¨e	首都,首府
der	Haushalt – e	家务
	heben * *vt.*	举起,提起,提高
	heil	幸运的,神圣的
	heiß	炎热的
der	Held – en, – en	英雄
der	Helfer –	助手
die	Heimarbeit – en	家庭制作
	her/stellen *vt.*	生产,制造
das	Herz – en	心脏
das	Herzleiden	心脏病
	hinauf	向上
	hinaus/schauen *vi.*	往外看
	hinein/gehen * *vi.*(s)	走进
	hinweg	离去
die	Hitze	炎热
	hoch	高的
die	Hochschule – n	高校
die	Höflichkeit – en	礼貌,客气

I

der	Indianer –	印第安人
die	Industrieanlage – n	工业设备
	innerhalb G.	内部,在……之内
das	Instrument – e	仪器,设备
	inzwischen	在这期间
	irgendwo	在任何(一个)地方
	international	国际的

J

	jagen *vt.*	追逐,驱赶
die	Jahreszeit – en	季节
	je…desto (umso)	越……越……
	jederzeit	随时
	jemals	每次
	juristisch	法律的

K

der	Kandidat – en, – en	考生
die	Katastrophe – n	灾害
	katholisch	天主教的
	kennen * *vt.*	认识
der	Kindergarten ¨–	幼儿园
das	/der Kilometer –	千米
die	Klasse – n	班级;阶级;等级
	klein	小的
das	Klima	气候
die	Kneipe – n	小酒馆
der	Kochtopf ¨–e	锅
die	Kohle – n	煤
	kompliziert	复杂的
das	Kreuz – e	十字形,十字路口
der	Krieg – e	战争
	kritisieren *vt.*	批评
die	Kultur – en	文化
	sich kümmern um A.	关心,照顾
der	Kunde – n, – n	顾客
der	Kundendienst	顾客服务
der	Kundenwunsch ¨–e	顾客愿望
	künstlich	人造的
	kürzlich	最近

L

das	Laboratorium Labors	实验室
die	Landschaft – en	风景
	landwirtschaftlich	农业的
	langfristig	长期的
der	Lärm – e	噪声
der	Lebenslauf – e	简历,履历
der	Lebensstandart	生活水平
die	Lederware – n	皮革制品
die	Leistung – en	成绩
	lenken *vt.*	操纵
das	Lieblingsfach ¨–er	最喜欢的专业
	liefern *vt.*	提供,供应
	liegen * *vi.*	平放;躺
die	Linie – n	线路
	sich lohnen	值得
die	Luft	空气
die	Luftverkehrsgesellschaft – en	航空公司

M

das	Mädchen –	姑娘
der	Magen –	胃
	manche	一些
der	Makler –	经纪人,中间人
die	Maklergebühr – en	中介费用
die	Marktanalyse	市场分析
die	Maschine – n	机器
das	Medikament – e	药物
	mehrere	几个,一些,若干
	meist	大都,大多数的
	sich melden	报名
die	Menge – n	量,数量
der	Mensch – en, – en	人
	menschenfreundlich	仁慈的
die	Messe – n	博览会
der	Mieter –	房客,承租人
das	Mietgesuch – e	承租申请
der	Mietvertrag ¨–e	承租合同
das	Mikroskop – e	显微镜
der	Milchladen –/¨–	牛奶店
die	Million – en	百万
der	Mitarbeiter –	职工,职员
	mit/erleben *vt*.	共同经历
	mit/teilen *vt*.	通知
	mittel	普通的,中等的,一般的
das	Mittel –	资金;手段;方法
die	Mittelschule – n	中学
	mittlerweile	在这期间,当时
	möglichst	尽可能的
die	Molluske – n	软体动物
der	Moment – e	片刻,一会儿
die	Monatsmiete	月租金
der	Mond	月亮
die	Mühe	辛劳,努力
der	Mund ¨–er	嘴
die	Muttersprache – n	母语

N

der	Nachbarstaat – en	邻国
	nach/denken * über A. *vi*.	思考
die	Nachfrage – n	需求
	nach/winken *vi*.	招手
der	Narr – en, – en	傻瓜,白痴
der	Nationalfeiertag – e	国庆节
die	Nationalflagge – n	国旗
	nennen * *vt*.	称呼,叫
	neulich	新近的
	niemand	没人
	normal	正常的
	nützlich	有用的

O

die	Öffentlichkeit	公开,公共
	operieren *vt*.	刀
	optisch	光学的
	Österreich	奥地利

der Ort –e 地方

örtlich 地方的，当地的

P

der Passagier –e 乘客，旅客
passieren *vi*.(s) 发生
die Pauke –n 定音鼓
die Pflanze –n 植物
der Plattwurm ¨–er 扁形虫
der Plus – 增长；超额
der Politiker – 政治家
die Post 邮政；邮件

das Pozellan 瓷器
der Preis –e 价格；奖金
produzieren *vt*. 生产
die Prognose –n 预测，估计
der Prozess –e 过程；诉讼
das Publikum 观众，听众
der Punkt –e 点，句号

Q

die Qualität –en 质量

R

rad/fahren* *vi*.(s) 骑自行车
der Radfahrer – 骑自行车者
radioaktiv 放射性的
das Rathaus ¨–er 议会大厦
der Raumfahrer – 宇航员
rechnen *vi*. 计算，考虑，期待
recht 正确的，十分的
die Rechenmaschine –n 计算机
die Regierung –en 政府
reich 富裕的

die Reife –n 成熟
die Reisebüro –s 旅行社
reizvoll 有吸引力的
die Richtung –en 方向
riesig 巨大的
die Rubrik –en 专栏，类别
der Rückgang ¨–e 下降，减少
das Ruhrgebiet 鲁尔区
rund 圆的
der Rüssel 象鼻子

S

das Säugetier –e 哺乳动物
scheinen* *vi*. 照耀；似乎
schimpfen *vi*. 骂
der Schnaps ¨–e 烧酒
schriftlich 书面的

die Schulbildung –en 学校教育
die Schweiz 瑞士
die Schwierigkeit –en 困难
die Sekretärin –nen 女秘书
selbst 自己的

selbstverständlich 理所当然的
sicher 自信的;安全的
die Situation –en 情景,状态
sorgen für A. *vi.* 关心,操心
sorgfältig 小心谨慎的
der Spaßvogel ¨– 爱开玩笑的人
der Spaziergang ¨–e 散步
der Spielplatz ¨–e 儿童乐园
die Spielware –n 玩具
spontan 自动的,本能的
die Sportschau 体育新闻
der Sprachkurs –e 语言班
der Sprechfunk 对讲机
springen* *vi.* (s) 跳
der Staat –en 国家
der Staatoberhaupt ¨–er 国家首脑
die Stadt ¨–e 城市
die Stadtbahn –en 轻轨
der Stahl 钢
die Stahlware –n 钢制品
stammeln *vt.*/*vi.* 结结巴巴 地说,口吃
ständig 经常的,不断的
der Staub 灰尘
das Steckenpferd –e 嗜好,偏爱
die Stelle –n 处,地方;工作
sterben* *vi.* (s) 死亡
der Steuerberater – 税务顾问
die Straße –n 马路,大街
die Strecke –n 距离
der Studentenausschuss ¨–e 学生会
das Studentenwerk –e 学生管理处
das System –e 系统

T

tagelang 几天之久的
tauchen *vi.* 潜水
die Teilung –en 分开;分配
teilweise 部分地
die Textilmaschine –n 纺织机
das Theaterstück –e 戏剧,剧本
das Thema –men 主题,题目
die Tiefe 深度
das Tier –e 动物
die Tonne –n 吨
das Tor –e 大门
total 全部的,完全的
töten *vt.* 杀死,致……死
die Trabantenstadt ¨–e 卫星城
der Traum ¨–e 梦;梦想
träumen von D. *vi.* 做梦,梦见
treffen* *vt.* 会面,遇见
die Treppe –n 台阶,楼梯
der Treibstoff –e 燃料
die Trompete –n 小号,喇叭
trotzdem 尽管如此
der Typ –en 类型,型号

U

die U–Bahn 地铁
überblicken *vt.* 观看
überlegen *vt.* 考虑
überraschend 令人吃惊的

	übersteigen * *vt*.	超过
	überwachen *vt*.	监视,观察
	überzeugt	有坚定信念的
	umfassen *vt*.	抓住;包括
	umgeben * *vt*.	围绕,包围
	um/kehren *vi*.	弄反,颠倒
	um/leiten *vt*.	疏导
	unbekümmert	无所谓的,不关心的
	unbemerkt	未被发现的
	unhöflich	不礼貌的
	unschlüssig	犹豫不定的
	unsicher	不自信的;不安全的
	unter/kommen * *vi*.	住宿
die	Unterkunft ¨e	住宿
	unterrichten *vi*./*vt*.	授课;告知,使了解
	sich unterscheiden *	区别
	ununterbrochen	不间断的

V

	veränderlich	易变的,多变的
	sich verändern	改变
der	Verbraucher –	消费者
	verehren *vt*.	敬重,尊敬
	verfügen überA. *vi*.	拥有,支配
	vergiften *vt*.	毒化,毒死
	sich verhalten * *vt*.	采取(或表示)某种态度
	verheiraten *vt*.	结婚
	verhindern *vt*.	阻止,防止
	verkaufen *vt*.	卖出
der	Verkehrspolizist –en, –en	交警
	verlangen *vt*.	要求
	verletzen *vt*.	损伤,致伤
der	Vermieter –	出租者,房东
die	Vermietung –en	出租
der	Vermittler –	调解人,中间人
die	Vermittlung –en	调停,介绍
die	Verpackung –en	包装
	verschieden	不同的
	verschmutzen *vt*.	污染,弄脏
	versuchen *vt*.	试图做;试验
der	Vertrag ¨e	条约,合同
	verarbeiten *vt*.	加工
	verbergen * *vt*.	隐藏
	vertreiben * *vt*.	驱逐,驱赶
der	Vertreter –	代表
die	Videokamera –s	摄像机
	vielfältig	多种多样的
	vielmehr	更多的,多的多的
	vielseitig	多方面的
der	Vogelgesang ¨e	鸟语
die	Volksschule –n	公立学校
die	Volkswirtschaft	国民经济
	voll	充满的,满的
die	Voraussetzung –en	前提,先决条件
	voraussichtlich	预期的
	vor/behalten * *vt*.	保留
	sich vor/bereiten auf A.	准备
	vorhanden	现有的,在手头上的
	vorher/sagen *vt*.	预告(言)
	vor/kommen * *vi*.	蕴藏,存在
	verschwinden * *vi*.(s)	消失
	vor/stellen *vt*.	介绍
der	Vorteil –e	优点,好处
der	Vortrag ¨e	报告

W

	warnen vor D. *vt*.	警告,提醒……提防……
der	Warteraum ⁻̈e	会客室
das	Weichtier –e	软体动物
	weiter	其他的,此外的
	weiterhin	今后,继续地
die	Welt	世界
das	Weltereignis –se	世界大事
	sich wenden * an A.	请求,求助于
	werfen * *vt*.	抛,扔,投
die	Werkstatt ⁻̈en	工场,作坊
das	Werkzeug –e	工具,机床
	wecken *vt*.	唤醒
	weg/gehen * (s). *vi*	走开
	wirtschaftlich	经济的
	wissenschaftlich	科学的
der	Witz –e	笑话,诙谐
	wochenlang	几周之久
der	Wohlstand	富裕
der	Wohnblock	住宅区
	wunderbar	值得奇怪的
der	Wurm ⁻̈er	小虫,蠕虫
	wurmartig	虫形的,虫子的

Z

	zeigen *vt*.	指点
das	Zehntel	十分之一
der	Zeitraum	时间,时期
die	Zentrale –n	总部,中心
das	Zeugnis –se	文凭,证明
	ziehen * *vt*.	搬家;拉;拽
das	Ziel –e	目标,目的
	ziemlich	十分,相当
die	Zimmersuche	找房子,求租
die	Zoologie	动物学
	zuletzt	最后的
	zurück/legen *vt*.	走完,经过
der	Zuschauer –	观众
	sich zu/wenden * D.	转向
der	Zweig –e	部门
	zwingen * zu D. *vt*.	强迫

参考书目

1．Hans Schulz．Deutsche Sprache für Ausländer．Max Hueber Verlag
2．Karl－Heinz Eisfeld．Themen．Max Hueber Verlag
3．Wolfgang Hieber．Lernziel Deutsch．Max Hueber Verlag
4．Gudala Mebus．Sprachbrücke．Verlag Klett Edition Deutsch
5．Kees van Eunen．Deutsch aktiv．Langenscheidt
6．Hans Lindner．Deutsch．VEB Verlag
7．Deutsche Sprachlehre für Ausländer．Max Hueber Verlag
8．Dr．Arno Kappler．Tatsachen über Deutschland．Societäts Verlag
9．Duden．Dudenverlag
10．Harld Seeger．Aktuelle．Ernst Klett Stuttgart
11．Roland Schäpers．Deutsch 2000．Max Hueber Verlag
12．Dora Schulz．Leseheft für Ausländer．Max Hueber Verlag
13．Es war einmal... Märchen der Brüder Grimm．Max Hueber Verlag
14．吴永年等．德语(非德语专业用)．上海外语教育出版社
15．梁敏等．德语教程．北京大学出版社
16．德语学习．外语教学与研究出版社
17．赵汤寿．留德实用手册．高等教育出版社
18．郑积耀等．德语生活会话．上海外语教育出版社
19．刘芳本等．祝你走运．旅游教育出版社
20．郑寿康等．德语介词．高等教育出版社
21．赵汤寿．德语水平测试．北京大学出版社
22．肖佩玲等．目标．外语教学与研究出版社
23．汤浩军等．基础德语．同济大学出版社
24．肖佩玲等．德语速成．外语教学与研究出版社
25．王建云等．德语阅读理解．同济大学出版社
26．贺文威等．德语六级考试指南．同济大学出版社
27．戴鸣钟等．大学德语．高等教育出版社
28．顾芸英等．目标、听力技能训练．上海外语教育出版社
29．江楠生．德语听力练习．外语教学与研究出版社
30．马宏祥．德语会话．商务印书馆
31．叶本度等．实用德语应用文．浙江大学出版社

●新概念德语（第一册）
●新概念德语（第二册）
●新编德语语法
●德语《托福》(DSH)试题详解

以上图书需购者请与安徽科技出版社发行科联系。
地址：合肥市跃进路1号新闻出版大厦10楼
邮编：230063
电话：0551-2825419